JN207108

【論文】

渡来人と東北
―最北の前方後円墳・角塚古墳をめぐって―

新井　隆一

はじめに―渡来人と征夷・金鉱開発

　日本の古代国家は、7世紀後半から9世紀初頭にかけて、東北の仙台平野以北、とくに現在の宮城県大崎平野や牡鹿半島、北上川を遡り岩手県の胆沢地方を目指した領域拡大戦争、すなわち征夷を仕掛けた。この征夷の過程において、多くの渡来系の人物が官人として現地へ赴き、活躍した。天平二十一年（749）聖武天皇が探し求めていた金の産出（天平産金）を実現した陸奥守・百済王敬福、8世紀後半以降の征夷最終盤の攻防戦を指揮した鎮守将軍・百済王俊哲、征夷副将軍・百済王教雲など、白村江の戦い以降に亡命した百済人の子孫の躍動が目覚ましい。征夷大将軍・坂上田村麻呂も東漢氏を先祖にもつ渡来系の出自であった。古代国家は、彼らの派遣を通して、征夷の目的の一つに、大崎平野や牡鹿・気仙方面、さらには胆沢地方に眠る金鉱資源の開発を組み込んだ。天平産金の立役者の百済敬福は、関東の上総から移住し陸奥国小田郡・牡鹿郡に根を張った丸子（道嶋）氏に実務レベルを担当させ、金鉱開発・砂金採取から運京までのシステムを完成させた[1]。

　では、いつ誰が、こうした征夷の舞台となる地域に、金鉱資源が眠っているという情報を、国家形成期の倭王権にもたらしたのであろうか。6世紀中葉の仏教伝来以来、造寺・造仏が活発に行われた結果、王権の所在する畿内を中心に飛躍的に金の需要が高まった。ただし、仏教はもともと東北の在地社会の基層信仰では有り得ず、地元の蝦夷・俘囚などと呼ばれた人たちが金に対して著しい関心をよせていたとは考えにくい。本稿では、8世紀以降の金鉱開発に渡来人や関東からの移住者が携わった例に倣い、7世紀以前にも、王権の意向を受けながら、関東の首長層の配下や渡来人が移住し、資源探査を行っていた可能性を探りたい。

　そこで、北上川中流域・岩手県奥州市胆沢区に営まれた角塚古墳をクローズアップしてみたい。角塚古墳は、全長45メートル、前方部が小さく、後円部が二段築成のいわゆる帆立貝式の前方後円墳である。年代は、5世紀後半で、付近には前後の時期を含めて前方後円墳は見当たらない。従って、地域・時期のどちらからみても、突出している[2]。しかも、角塚古墳近傍の中半入遺跡では、カマド付き住居・鍛錬鍛冶滓・馬の遺存体が検出され、畿内の陶邑で焼かれた初期須恵器などが出土する[3]。これらは、5世紀中葉に朝鮮半島からもたらされた技術のたまもので、北部九州や畿内のみならず、遠く離れた東北の、のちの胆沢城の近くまで、極めてダイレクトに新出の文物が伝播したことを表している。そこには、渡来系の移住者が関与したことも想像できる[4]。

　さて、近年、松本建速氏は、古代国家から蝦夷と呼ばれた人たちの出自の解明に取り組み、蝦夷の内実は、関東・中部・北陸などからの移民であったことを盛んに述べている[5]。氏は、東北への

移住の波を、5世紀後半、6世紀後半、9世紀後半の三段階に分ける。角塚古墳は、まさに氏のいう第1の移住の時期にあたる。氏の論点は多岐にわたり、学ぶところが多いが、私は、なお、本稿のテーマの角塚古墳に搾っても、2点ほど疑問を感じる。①5世紀後半に東北への移住が活発になる要因について何ら論じられていない。②『日本書紀』『続日本紀』に出てくる蝦夷について、6世紀後半以降、関東・中部から移住したものの後裔と理解しているため、角塚古墳の担い手と蝦夷との間に断絶が生じる。角塚古墳の付近は、のちの時代には、坂上田村麻呂と対峙したアテルイら、征夷に対して最も抵抗した蝦夷の本拠でもあった。氏は、征夷そのものの実体を疑問視するが、『続日本紀』『日本後紀』『日本紀略』などの文献史料を紐解けば、8世紀後半から9世紀初頭にかけて、アテルイら蝦夷の首長クラスが古代国家とぶつかっているのは疑いがない。移住だけで歴史を理解するのではなく、南北の文化が接触し、複合する角塚周辺の歴史的環境から、地元に根差した勢力の正体を浮き彫りにできないだろうか。

　以下の考察では、角塚古墳にまつわるいくつかの問題を明らかにすることを通して、国際情勢や渡来人による資源探査を媒体としながら、4世紀後半から6世紀前半の倭王権・関東と東北との関係の動態、そこから導き出される角塚古墳周辺の人たちの実像を描き、松本氏の見解に対する私見を述べてみたい。

1、東北への古墳文化の伝播ルート

　中国の史書『魏志倭人伝』には、西暦238年、邪馬台国の女王卑弥呼が、王朝・魏へ使者を遣わしたことが記されている。この3世紀中葉あたりから、奈良盆地を中心に前方後円墳が造られはじめ、倭王権の萌芽とともに、日本列島の古墳時代が始まる。当初、畿内以西の西日本に多く分布していた前方後円墳は、4世紀中葉から後半あたりまでに、東北の仙台平野まで広がっていく。なかでも、名取市遠見塚古墳・雷神山古墳が代表格で、とくに後者は、壺型埴輪・底部穿孔壺形土器などが出土し、全長168メートルの東北最大の前方後円墳である[6]。雷神山古墳の被葬者は、南東北以南と交流をもちつつ、墳墓造営のために周辺の住民を大がかりに動員できる首長であろう。仙台平野には、かなり早い段階から、そうした人物が育っていたのである。同じころの南東北へ目を向けると、会津盆地において、比較的規模の大きい前方後円墳が複数造営される。会津若松市大塚山古墳は、全長90メートルの柄鏡形の前方後円墳で、倣製三角縁神獣鏡や素環頭大刀・碧玉製紡錘車などが出土する。これら外形・内部構造・副葬品ともに、畿内の前期古墳と遜色ない[7]。大塚山古墳の近くに営まれた会津坂下町宮東遺跡・中西遺跡では、能登半島起源の土器が出土し、北陸からの移住者が居住した集落といわれる[8]。会津盆地には、西部・東部・南東部と満遍なく前方後円墳が分布し、西部の亀ヶ森古墳は北陸の影響を受け、東部の舟森山古墳などは太平洋側への窓口に造られているという[9]。従って、4世紀後半の段階で、日本海と太平洋から東北を目指した古墳文化のベクトルは会津盆地で一体となり、仙台平野へと向かったと考えられる。なお、『古事記』の説話では、北陸・東海・西海・丹波に派遣された四道将軍のうち、北陸道を平定した大彦命と東海道を平定した建沼河別命は、相津（会津）で合流している（『古事記』崇神天皇段）。この説話が史実を表しているかは定かでないが、古墳文化の東北への伝播ルートと重なるという点で興味深い。さら

に、近年、宮城県北部の栗原市入の沢遺跡で、周囲を塀と壕で囲まれた古墳時代前期の大規模な集落が発見された。多数の竪穴住居が検出され、土器類とともに古墳の副葬品と遜色ない銅鏡・鉄製品・玉類などがまとまって出土している（宮城県教育委員会『入の沢遺跡』2016年）。前期古墳文化最北の拠点が仙台平野以北まで伸びていたこと、この地が北方世界との交流・軋轢の場であったことなどが指摘されている（辻秀人編『季刊考古学別冊24　古代倭国北縁の軋轢と交流―入の沢遺跡で何が起きたか―』雄山閣、2017年）。おそらく仙台平野の首長層は、入の沢遺跡へ配下を送り込み、北方世界の様々な情報を入手しようとしたのであろう。

　さて、仙台平野では、5世紀以降も継続的に、名取市経ノ塚古墳・大塚山古墳、仙台市裏町古墳・兜塚古墳などの前方後円墳が築かれる。そして、5世紀後半にかけて、北へ広がり、大崎平野の色麻町念南寺古墳を経由して、角塚古墳まで到達する[10]。これらは、前方部が小さく、後円部が二段集成の帆立貝式の墳丘形態や上段のみに葺石を施し、下段上面のテラスの幅が広い外部施設をもつなど、共通の特徴を有する。仙台平野には、埴輪窯として富沢窯、須恵器窯として大蓮寺窯が開かれた。これらの窯で焼かれた製品は、仙台平野にとどまらず、角塚古墳や中半入遺跡にまで供給されている。こうした事例を総合すると、角塚古墳は仙台平野の前方後円墳の影響をうけて、造られたとみるべきであり、角塚の被葬者は、仙台平野の首長層と密接な関係をもっていたことが推察される[11]。他方、南東北では、それまでの拠点であった会津盆地の前方後円墳は終息し、国見町国見八幡塚古墳、福島市稲荷塚古墳、本宮市天王壇古墳、須賀川市早稲田7号墳など、現在の福島県中通り地方に、古墳文化の中心地が移動する[12]。すなわち、古墳の伝播ルートは、会津経由から変化し、中通りから仙台平野さらには角塚へ向かう道筋が生まれたのである[13]。このことは、「北陸→

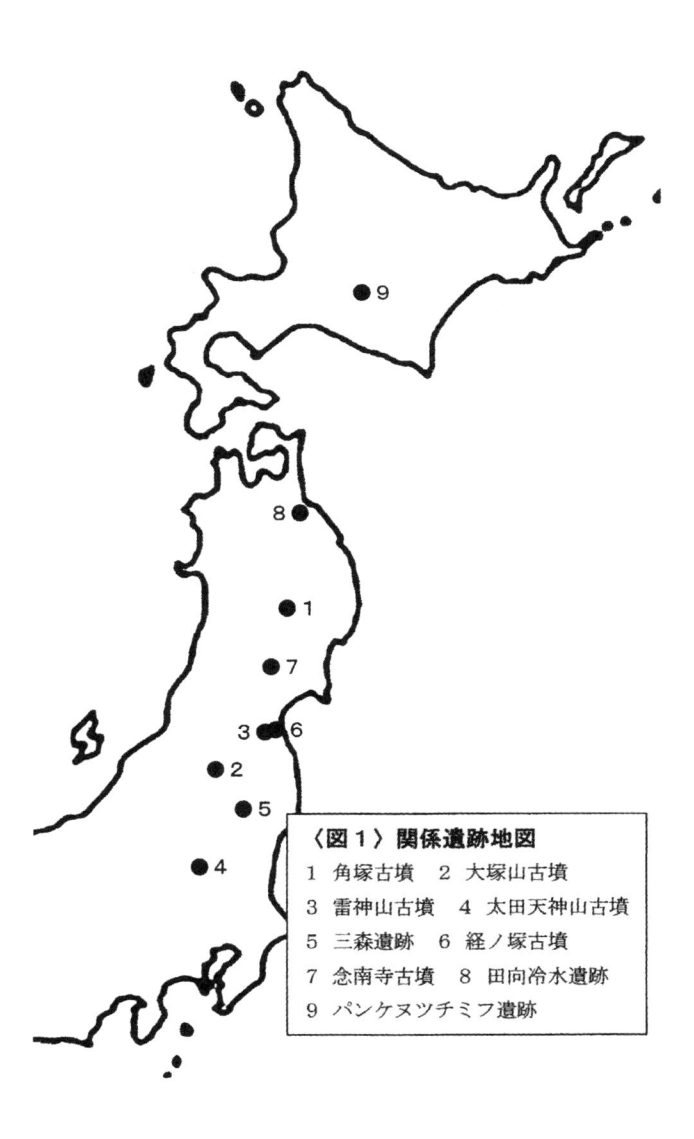

〈図1〉関係遺跡地図
1　角塚古墳　　2　大塚山古墳
3　雷神山古墳　4　太田天神山古墳
5　三森遺跡　　6　経ノ塚古墳
7　念南寺古墳　8　田向冷水遺跡
9　パンケヌツチミフ遺跡

会津」を辿り、東北へという文化ルートが希薄になったことを意味する。反面、東北への文化の発信地として、関東の影響が俄然クローズアップされる。とくに、現在の群馬県域を中心とした毛野とのかかわりが際立って目に付く。5世紀前半の太田市太田天神山古墳は、全長210メートルの関東最大級の前方後円墳で、地域首長・上毛野氏の勢いを表すものである。墳丘の脇に置かれた円筒埴輪は、仙台平野の経ノ塚古墳の出土品と類似することが指摘される[14]。さらに、5世紀中葉から後半にかけて、高崎市保渡田古墳群・岩鼻古墳群など、100メートル程度の大型前方後円墳が乱立し、そのなかには、棺に畿内や北部九州と同じ舟形石棺が採用されるものもあるという[15]。5世紀後半以降には、前方部の小さい、中小規模の帆立貝式の前方後円墳も盛行する。これは、大型前方後円墳からややランクの落ちる人物の墳墓と想定される[16]。前述のように、この時期の仙台平野以北の前方後円墳はほぼ帆立貝式なのである。そのうえ、毛野の古墳からは、副葬品として轡・鉄蹄などの馬具や馬型埴輪が多く出土し、馬匹生産が始まったことを窺わせる。高崎市三ツ寺Ⅰ遺跡や富岡市上丹生遺跡の鉄滓・羽口・砥石などは、製鉄・鍛冶が行われたことを裏付け[17]、鉄製馬具が造られたことを推測させる。当該期の馬匹生産の痕跡は、西遠江や南北の信濃などでも認められる。日本列島の馬産は、5世紀中葉の倭王権において、河内を中心とした勢力が渡来系の集団を招き入れることによって始まった。従って、それとほぼ同時に、のちの東山道に沿って、信濃・毛野にまで及んでいた[18]。上毛野氏は、倭王権とつながりつつ、河内などからの渡来系集団の流れを汲んだ人々を受け入れ、馬の生産を行ったのである[19]。毛野を起点として、「福島県中通り→仙台平野→角塚周辺」のベクトルで、馬産・鍛冶とともに、須恵器・カマド付き住居など、5世紀中葉以降の古墳文化を彩る渡来系の文物が伝播している[20]。馬の価値は、内陸長距離交通に格段の進歩をもたらす。上毛野氏は、新たな生産活動として馬産を積極的に導入することによって、倭王権への出仕や北部九州・朝鮮半島への遠征のみならず、東北へのさらなる進出を企てたのであろう。

　そこで、関東と東北の境目にある福島県白河市三森遺跡の発掘成果に注目してみたい。5世紀中葉から後半にかけての竪穴住居20軒とともに、溝や柵で囲まれた居館と祭場とみられる遺構が検出された。住居や溝跡から勾玉・管玉・鎌・刀子・剣・有孔板・円板などの石製模造品が合計5000点以上出土している[21]。間近には標高500メートルほどの霊場・建鉾山を望む。8世紀以降には陸奥国白河郡となり、白河関が築かれた。9世紀前半、白河関を越えて往来する俘囚や商人の取り締まりを命じた太政官符に「置レ剗以来、于レ今四百余歳矣」とある（『類聚三代格』巻十八　関并烽候事　承和二年（835）十二月三日太政官符）。白河関が築かれる400年前から関東と東北の境界であったとすれば、三森遺跡の成果と重なり、興味深い。また、鍛冶遺構や百済系硬質・軟質土器も発見され、馬の生産の痕跡も認められる。この場所は、毛野発の東北への渡来系文物の伝播ルート上にものってくる。これらの祭祀や生産活動の背後には、上毛野氏の姿が見え隠れする。上毛野氏は、関東と東北を隔てる交通の要衝に拠点を構え、そこを足がかりに東北を目指したのであろう。石製模造品を用いた祭祀は、そうした境界特有の性質をもっていよう。

　上毛野氏の北上は、こののち東北において、上毛野の姓をもつ人物が多くみられることからも確かめられる。なかでも、上毛野賀美公宗継（『類聚国史』巻九十九　職官四　叙位四　天長九年（832）四月癸未条）、江刺郡擬大領上毛野胆沢公毛人（『続日本後紀』承和八年（841）三月癸酉条）は、8

世紀前半に建郡された大崎平野の賀美郡や9世紀初頭の胆沢城の建設に伴って置かれた江刺郡の有力者と考えられる。さらに、胆沢城跡では、「上毛朝臣廣世」「上毛」と記された墨書土器が出土している。すなわち、上毛野氏の分布は、南東北のみならず、北奥羽にも及び、古墳時代の角塚古墳までのベクトルとも重なるのである[22]。上毛野氏の東北遠征の足跡は、上毛野形名が、蝦夷との戦いの緒戦に敗北し、包囲されるなど苦戦の末、危機的状況を脱し、かろうじて勝利した記録が残っている（『日本書紀』舒明九年（637）是歳条）。上毛野氏は、5世紀中葉以来、強弱をつけつつもたびたび東北へ進出し、現地の首長クラスと関係を結んだり、移住者を送り込んだりしたと思われる。7世紀から8世紀の北上市江釣子古墳など、角塚古墳の故地に営まれた末期古墳群の石室には、川原石積という毛野に祖形のある形態をもつものがある[23]。また、9世紀以降の胆沢郡には白河郷・下野郷（『倭名類聚抄』）があり、時期が下っても、毛野や白河といった地域とのつながりを感じさせる。

　ともあれ、東北への古墳文化の伝播ルートを振り返ると、4世紀後半に、北陸と関東の二方向から会津盆地に入り、仙台平野へと向かったものが、5世紀中葉から後半に、毛野を起点として、「白河→中通り→仙台平野→角塚古墳」への一本の道筋に変化する。このことによって、東北の古墳文化は、①上毛野氏の影響のもと関東からのインパクトが強くなる。②北上川中流域の角塚古墳まで前方後円墳が到達する。③この道筋に沿って渡来系の文物の痕跡が広がる。という3つの大きな特徴をもつことになる。

2、5世紀の国際情勢と東北

　東北への古墳文化の伝播ルートの変化とそこから導き出される3つの特徴、これらの要因は何に求められるのであろうか。まず、上毛野氏が東北へと向かった歴史的背景をみていきたい。

　上毛野氏の祖は、崇神天皇から東国統治を命じられた第一皇子・豊城入彦命といわれる（『日本書紀』崇神四十八年条）。その曾孫・御諸別王は東国を治め、蝦夷を討ったことが伝わる（『日本書紀』景行五十六年八月条）。こうした伝承は、古来、上毛野氏が倭王権と東北をつなぐ貴重な役割を担ったことに基づいて語られたのであろう。毛野から角塚へ至る古墳文化のベクトルと伝承とのタイアップが面白い。一方で、上毛野氏は、対朝鮮関係においても活躍している。荒田別・鹿我別は、将軍に任命され朝鮮半島へ赴き、新羅軍を破り、百済王と会見している（『日本書紀』神功皇后四十九年条）。こののち、彼らは、百済へ派遣され、千字文と論語を伝えた王仁を連れ帰ったという（『日本書紀』応神十五年条）。荒田別の子・田道は、兄・竹葉瀬とともに、新羅へ派遣され、戦功を挙げたものの（『日本書紀』仁徳五十三年条）、東北へ赴いた際、伊峙水門で蝦夷の迎撃に遭い、戦死している（『日本書紀』仁徳五十五年条）。竹葉瀬は、田辺史・住吉朝臣・池原朝臣など、百済系渡来人と関係の深い氏族の祖ともされている（『新撰姓氏録』）。さらに、毛野地方と朝鮮半島とのかかわりは、考古資料によっても深く刻まれている。高崎市剣崎長瀞西遺跡は5世紀中葉から後半の集落と墳墓である。墳墓には、在地系の円墳と渡来系の積石塚が混在する。大加耶地方に類例のある金製垂飾付耳飾や馬具、馬の犠牲土坑なども発見されている。百済に系譜を求められる韓式系軟質土器も出土する。「積石塚＋耳飾＋馬埋葬＋軟質土器」の組み合わせやカマド付き住居の比率が高いことから、加耶や百済からの渡来人が居住した集落であったという指摘もある[24]。また、高崎市下芝谷ツ古墳

は、一辺22メートルの二段築造の方墳で、上段には方形積石塚が乗せられていた。副葬品は、金銅製飾履・大刀・金銅製馬具など豪華で、渡来人の長の墓とも推測される[25]。このほかにも、毛野地方には、高崎市高崎情報団地Ⅱ遺跡の格子タタキ甕・須恵器𤭯・陶質平底浅鉢や土馬、藤岡市温井遺跡の平行タタキ平底鉢、高崎市井出二子山古墳の金銅製の冠帽または飾履・新羅系の三葉環頭大刀、甘楽町西大山１号墳周溝内馬土壙の轡など、渡来人がもたらしたと解釈できるものが多い[26]。渡来系の文物の多彩さは、日本列島において、質・量ともに、畿内・北部九州・吉備に次いで目を奪われることも説かれる[27]。これらの渡来人の痕跡・渡来系文物は、朝鮮半島へ足を伸ばした上毛野氏が、百済・新羅・加耶の勢力とのパイプを作りつつ、獲得したものであろう。『日本書紀』の伝承と考古資料を安易に結びつけることは慎まなければならないが、朝鮮半島と深いかかわりをもっていたことは確かであろう。上毛野氏は、倭王権の朝鮮外交の一翼を担っており、極めて優れた国際感覚を身につけていた。

　そこで、５世紀の倭と朝鮮半島を取り巻く国際情勢を紐解きたい。４世紀末、加耶（金官加耶・安羅）や百済と組んで新羅の領域に侵入した倭に対して、高句麗の広開土王が援兵を派遣し撃退するなど、「倭─百済─加耶」「高句麗─新羅」という関係が結ばれていた。ところが、５世紀前半、新羅が高句麗から自立を始め、むしろ百済へと接近する。これに対し、高句麗は５世紀中葉以降、南下の傾向を強め、しばしば百済・新羅・加耶を侵攻する。ついに475年百済の都・漢城を陥落させ、蓋鹵王を殺害し、一時的に滅亡へと追い込む。百済は、難を逃れた王子・文周らによって、熊津で再興を図る。高句麗の南下に伴い、百済と新羅の結束は強まり、新羅は熊津遷都を側面から支えることととなる[28]。

倭も、朝鮮半島の変動に呑み込まれていく。当初より、百済陣営に付いていた倭は、479年、動揺の収まらない百済を支援すべく、当時、質として留まっていた東城王を筑紫の兵の護送のもと送り返し、熊津で即位させる（『日本書紀』雄略二十三年四月条）。また、加耶においても、豊富な鉄資源を媒体に、３世紀後半以来、倭と良好な関係を有

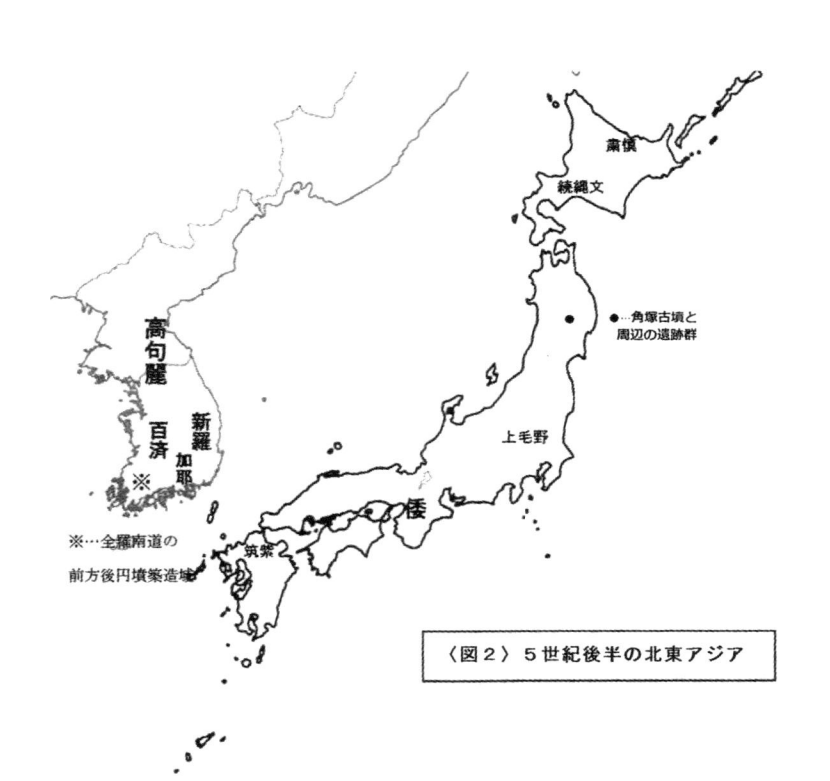

〈図２〉５世紀後半の北東アジア

していた金海（安羅）を中心とした勢力が衰退し、百済と新羅のバックアップを受けた高霊を拠点とした大加耶が台頭する[29]。これを契機に、大量の加耶系の渡来人が倭へと流入する。この渡来人の出自は、加耶のなかでも鉄資源の産地であった安羅地域の人々とされ、製鉄・鍛冶に詳しい人々が、倭の資源を開発し、製鉄を開始させ、武器・武具の生産など、対高句麗の軍事的支援を促したとの推測もある[30]。ともあれ、5世紀中葉以降の朝鮮半島をめぐる諸王権の最大の課題は、高句麗の南下への対処であった。日本列島では、5世紀前半に地域首長が須恵器・鉄などの生産施設をそれぞれのパイプをもちながら独自に開業する。こうした地域色は5世紀後半にかけて終息し、それに代わって畿内産の製品と畿内の影響を受けた生産施設の各地への拡散が始まる。この変化は、朝鮮半島の動きに対応することを通して、技術の維持・刷新に絶えず努めた倭王権が、地域への影響力を拡大させたことによるものであろう[31]。このころ、倭王権は、分裂を繰り返していた有力者のなかから、大王となった雄略が内政・外交にリーダーシップを発揮していく[32]。おそらく、倭王権は、なお分裂の危険性を孕みつつも、高句麗対策として、雄略のもとへ結集し、「百済—新羅—大加耶」と共同戦線を張ることとなる。

　上毛野氏の東北への進出、角塚古墳の造営は、まさに、北東アジアがこうした激動に包まれる時期に行われた。ただし、日本列島の周縁部に前方後円墳が広がる現象は、東北のみでなく、韓国の全羅南道でも認められる。これらを一体的に捉えることはできないだろうか。韓国では、全羅南道・栄山江流域を中心に、複数の前方後円墳が発見されている。およそ5世紀後半の年代であること、それまでの在地の系譜をひく墓制ではないこと、これ以降、継続して造営されないこと、栄山江流域にはこの時点で百済・倭などの王権から自立した勢力が存在したことなど、角塚と共通する要素も多い。とりわけ、日本列島に由来する墓制であることからも、先行研究では、被葬者をめぐって、倭人説・在地首長説が混在している。さらに、どちらを採るにしても、背後に王権の関与の有無も論点となっている。なかでも、熊都遷都後、全羅南道の安定化と経営を余儀なくされた百済が、北部九州の勢力を招聘し、登用した倭系百済官人の墓とする見解に注意したい[33]。もちろん、倭とのつながりがより濃密な加耶地域には前方後円墳がみられない点など、この見解にもクリアすべき課題は多いが、高句麗の南下による危機意識が倭と百済の連携を強めたこと、被葬者のバックには双方の王権があったことは確かであろう。ここでは、栄山江流域の前方後円墳には、北東アジアの激動と倭・百済の王権の思惑が隠されていると理解したい。

　こうした倭王権の高句麗に対する危機感を、角塚古墳へ向かう5世紀中葉から後半の東北の古墳文化を説明するためにも応用できないか。遡って、3世紀中葉、長野県木島平村根塚遺跡では、柄頭に渦巻文の装飾をもつ74センチの長大な鉄剣が出土している。渦巻文は、朝鮮半島の金海など金官加耶の地域で多いという。長野市浅川端遺跡で出土した馬形帯鉤も、朝鮮半島に類例があるといわれる。弥生時代後期に北信濃でみられる渡来系の製品は、朝鮮半島から一路、日本海を横断して、北陸を経由して、直接もたらされたと推定される[34]。およそ5世紀代の福井県若狭町向山1号墳の垂飾付耳飾や富山県高岡市桜谷7号墳の金銅製方形板など、北陸の古墳からは、高句麗や新羅に由来する副葬品が出土しており、日本海を介した直接の交渉の爪痕を意味するとの指摘もある[35]。6世紀中葉以降、高句麗から倭への使者が、たびたび日本海の荒波を越えて、越へ来着する（『日本書紀』

欽明三十一年（570）四月乙酉条など）。このあと、日本海横断の航海路は渤海使にも受け継がれ、10世紀初頭まで残っていく。さらに、高句麗の勢力拡大は、北東アジアの諸集団の動きをも活性化させる。まず、高句麗の背後に跋扈した勿吉・靺鞨などと中国史料に出てくる集団は、活動範囲を遠くアムール川河口へ広げ[36]、間宮海峡を挟んでサハリンに発生したオホーツク文化の集団と交易関係を結ぶ[37]。それに対応するように、このころ、オホーツク文化は、北海道のオホーツク海沿岸に展開し、さらに北日本海を南下する構えをみせる[38]。北海道では、続縄文土器の北大Ⅰ式が盛行するが、この土器に特徴的な刺突文は、オホーツク文化のススヤ式・十和田式土器の影響を受けていた[39]。北大Ⅰ式土器は、北奥羽の太平洋側にも点在し、八戸市市子林遺跡の土壙墓[40]や角塚古墳とも深くかかわる中半入遺跡でも出土している[41]。

　要するに、5世紀中葉から後半の高句麗の南下によって引き起こされた地殻変動は、朝鮮半島における攻防のみならず、靺鞨・粛慎などの北東アジアの人々の躍動を生み、その余波は、北陸の日本海沿岸や北奥羽の太平洋側にも及んでいたのである。そのために、倭王権の支配者層にとって、北東アジアへの関心が急速に高まり、東北を媒体として、様々な情報を仕入れる必然性が生じていたのではないか。朝鮮半島における軋轢と東北との交通の両極の最前線に立っていた上毛野氏は、倭王権のなかでも、そうした国際情勢に最も敏感だったと思われる。すなわち、上毛野氏の東北進出の最大の目的は、日本列島北辺の動向を探り、北東アジアの動きを入手することであろう。ところで、前述の越に漂着した高句麗使に対して、地域首長の道君は自らを大王と偽り、直接関係をもとうとしている（『日本書紀』欽明三十一年五月条）。王権から派遣された膳臣は、道君の動きを察知し、独自外交を阻止している。道君の行動は、これ以前、北陸周辺の首長が、高句麗を含めた北東アジアの諸集団と独自のパイプをもっていた可能性すら示唆させる。仮に、高句麗が環日本海集団を巻き込み連携を推し進めると、倭王権は、背後からも襲われる危険性が出てくる。上毛野氏の東山道ルート開拓のバックグラウンドに、環日本海の諸集団の連携に対する倭王権の危機感を見て取れないか。5世紀代、いわゆる倭の五王たちは、中国の王朝・宋へ何度も使節を派遣し、朝鮮半島南部の軍事官号を要求する。その目的は、百済との連携を強めつつ、宋の援助を得ることによって、高句麗の南下を阻止することにあった[42]。最後の遣使となった478年、雄略大王と考えられる倭王・武は、皇帝に充てた上表文に「東は毛人を征すること五十五国」としたためる（『宋書』倭国伝）。朝鮮半島のみではなく、環日本海というレベルでも高句麗への警戒心を抱いた倭王権にとって、宋への遣使を成功させるために、東北への影響力の拡大を上表文で示すことは、必須のことであったのではないか。上表文は、角塚古墳へ至る古墳文化伝播の実体を記しているのであろう。

　さて、上毛野氏の東北進出の目的は、国際情勢への対応にとどまらず、交易と資源開発という側面からも注目される。仙台平野と角塚古墳の間に造られた念南寺古墳の近傍は、黒曜石の産地であった。ここ大崎平野・湯の倉産黒曜石は、中半入遺跡のような、古墳文化と続縄文文化の混成する地点から例外なく出土する[43]。黒曜石は、皮なめしに用いるラウンドスクレイパーの原材料ともなり、続縄文文化の人々の生業と密接にかかわる。中半入遺跡では、脂肪の除去・乾燥といった獣皮の加工が行われ、加工品は関東以南へ出荷されていたことも推測される[44]。この地に足跡を刻んだ古墳文化は、南下した続縄文文化の集団と密接な関係を築くことによって、成り立っていた。東北

の古墳文化を先導する上毛野氏は、黒曜石を用いて生産される毛皮類・皮革製品などを入手し、王権へもたらしたのではないか。また、8世紀後半、陸奥国宇多郡の吉弥侯部石麻呂が上毛野陸奥公を賜姓されている（『続日本紀』神護景雲元年（767）七月丙寅条）。吉弥侯部は、俘囚に多い姓であることからも、石麻呂自身は地元に出自をもつ首長クラスであろう。多賀城跡からは、「行方團□毅上毛野朝□」と書かれた漆紙文書が出土している[45]。彼らの祖先は上毛野氏と何らかのつながりをもっていたと考えられる。両者の関係は、上毛野氏が東北への影響力を強めた5世紀中葉から後半に始まったのであろうか。しかも、宇多郡のある陸奥国南部の太平洋側は砂鉄の有数の産地で、7世紀後半から9世紀にかけて、大規模な製鉄遺跡群が稼動し、征夷に多大な役割を果たしている[46]。さらに、上毛野氏が進出した、三森遺跡の白河、念南寺古墳の大崎平野、角塚古墳の胆沢周辺、これらは、のちの金鉱開発の一大拠点でもある[47]。中半入遺跡では、三陸沿岸の久慈産の琥珀が出土する。琥珀は、古墳文化を彩る玉類に格好の素材である。こうして、上毛野氏は、黒曜石・砂鉄・金鉱・琥珀など、鉱物資源の豊富なところへ勢力を伸ばしたのであった。資源探査の役割を担いつつ、徐々に北へと歩みを進めていったのではないか。しかも、資源探査には馬・鍛冶など渡来系の技術が不可欠であり、金探査などは資源豊富な朝鮮半島からの知識が必要であった。また、仙台平野の初期須恵器窯（大蓮寺窯）の開窯にも、渡来系の関与が求められたであろう。上毛野氏は、渡来人を引き連れて、東北進出を果たした蓋然性が高い。

　いずれにしても、5世紀中葉から後半にかけての高句麗の南下・勢力拡大という朝鮮半島の激流は、北東アジアさらには日本列島北辺にも相当の影響を与えた。そうした変動が引き金となり、倭王権は東北への関心を高め、国際情勢にも敏感な上毛野氏を先頭に、東北へ勢力を伸張させた。その結果、上毛野氏の影響力は、北上川中流域の角塚古墳周辺まで及び、北東アジア諸集団の躍動、交易による特産物、鉱物資源など、多彩な情報を王権にもたらしたのである。

3、角塚古墳の被葬者とその後

　このように、5世紀中葉以降の東北の古墳文化と上毛野氏・国際情勢との深い関係をまとめるとしても、なお角塚古墳の被葬者の出自は、移住者なのか地元なのかという疑問がつきまとう。また、被葬者の周囲の住民の素顔、このことも定かでない。こうした問題点について、移住者と地元の人たちとの交流という視角から、見つめることはできないだろうか。

　そこでまず、古墳は祖先祭祀と密接なものであり、前方後円墳が例外的なことからも、角塚の被葬者を祭る祭祀そのものは外来の信仰に基づいているということを抑えておきたい。ここまで述べたように、伝播ルートや上毛野氏の影響力などを勘案すれば、発信地は毛野の蓋然性が高く、背後に倭王権の意向も汲み取れる。さらに、角塚古墳において、首長の死後、祖先祭祀が行われたならば、祭祀の主催者は被葬者とは別のいわば二代目の首長なのであり、上毛野氏は少なくとも二代にわたって、この地まで進出していたとみるべきであろう。そこで、留意したいのが、近年発掘の行われた奥州市沢田遺跡、石田Ⅰ・Ⅱ遺跡の成果である。両遺跡とも、角塚古墳や中半入遺跡の近傍に位置し、5世紀後半から6世紀前半のものである。沢田遺跡は、径10メートル前後の円墳が4基検出され、周溝からは土師器甕（南小泉式）、鉄斧、ガラス玉・石製臼玉・琥珀玉、黒曜石剥片が出土する。

5世紀後半以降の関東の古墳文化とくに毛野で流行する、方形状に石を組んで置く竪穴式小石槨をもつ墓壙も11基確認されている。遺構外ではあるが、須恵器坏身、続縄文土器（北大Ⅰ式）も見つかっている[48]。石田Ⅰ・Ⅱ遺跡では、方形のカマド付き住居が複数確認され、カマド部分から土師器甕・坏、須恵器甑、黒曜石製石器、琥珀、鉄滓などが出土している[49]。さらに、奥州市面塚遺跡でも、煙道・煙出しのない初現期のカマド付き住居が検出され、須恵器片（甑の肩部・短頸壺の蓋）、土師器（南小泉式）、黒曜石製スクレイパーがみられる[50]。これらの遺跡群は、角塚古墳と中半入遺跡の周りにも古墳文化の集落があったことを意味する。従って、この地の古墳文化は、角塚の被葬者・祭祀の主催者の単独のものではなく、彼らを支える集団が存在し、相対的に成り立っていた。祭祀・信仰の中心となる前方後円墳・角塚古墳が造営され、祭祀とともに、鍛冶・馬などの生産や続縄文の集団との交易を主導する首長の居館にあたる中半入遺跡、近くには首長の生産・交易活動を助け、角塚造営のための労働力を提供したり、祭祀に参加したりする人たちの集落（石田Ⅰ・Ⅱ遺跡、面塚遺跡）と墳墓（沢田遺跡）が形成されていた。このように景観を復元すると、まず何より、角塚の被葬者は上毛野氏の傘下の首長で、配下を引き連れ移住・土着し、祭祀の主催者とともに二代にわたり、古墳文化の最前線で活躍していた。その配下のなかには、資源探査を担う渡来人が含まれていたことも想定される。

　他方、やや時期は遡るが、盛岡市永福寺山遺跡では、続縄文の墓制に一般的な袋状ピットをもつ土壙墓から鉄鎌・刀子などが検出されている[51]。同じく能代市寒川Ⅱ遺跡の土壙墓にも、刀子・鉄斧などがみられる[52]。これらの鉄製品の多くは墓に伴っており、副葬品の役割を果たしている。鉄器の副葬された土壙墓には、交易を掌る続縄文の首長クラスが葬られたのであろう。すなわち、4世紀あたりから北奥羽にも、鉄器などを求めて続縄文の南下・移住が認められる。そして、5世紀後半にかけて、北大Ⅰ式土器は、中半入遺跡を越えて、さらに南の大崎平野でも出土する。大崎市木戸脇裏遺跡では、3基の土壙墓とともに、北大Ⅰ式土器や黒曜石製スクレイパーが発見されている[53]。古川市名生館遺跡の5世紀後半の住居跡からも、北大Ⅰ式土器と黒曜石製スクレイパーが見つかっている[54]。太平洋側へ南下した続縄文の集団は、東北へ歩みを進めた上毛野氏と共鳴し、鉄製品を入手するため、交易の意欲をむき出しにしたと考えられる。しかも、ここに挙げた古墳文化の居館・集落・墓、続縄文文化の墓から出土したスクレイパー・黒曜石片は、例外なく、大崎平野・湯の倉産のものである[55]。これらの鉄製品や黒曜石は、角塚の被葬者たちと続縄文の集団との交易・交流を物語る。両者はそれぞれ母体を異にしながらも、接触・交易を促進させたのであろう。

　ただし、このようにのみ理解すると、5世紀後半の角塚周辺の住民は、すべて南北からの移住者となってしまう。確かに、古墳文化と続縄文文化、それぞれの発信地は、関東と北海道の色合いが濃厚である。果たして、地元の人たちは、どこにもいなかったのであろうか。石田Ⅰ・Ⅱ遺跡や沢田遺跡の担い手たちを全て移住者とみてよいのだろうか。そこで改めて時期を遡ってこの地の歴史的環境を概観してみると、奥州市常盤広町遺跡・橋本遺跡、江刺市反町遺跡では、弥生時代の水田が発見されている[56]。4世紀前後にも、奥州市高山遺跡・西大畑遺跡では土師器（塩釜式）、奥州市石田遺跡では、土壙墓とも見て取れる長方形のピットから続縄文土器（後北C2D式）が出土している[57]。こうして古くから、角塚周辺は、南北の異文化の接触が濃密であり、いわば、弥生・古墳、

続縄文という異文化の境界地帯であった。つまり、南北の文化の境界という環境は、角塚古墳の時期に限定できないのである。とすれば、地元の人たちは、もともとマージナルな集団で、南北それぞれの多彩な生業・複合的な文化を断続的に営んでいたとは捉えられないか。すでに早い段階から、彼・彼女らは、弥生・古墳と続縄文の双方の要素を採りいれつつ、極めて重層的なアイデンティティを育んでいたのであろう。さらに角塚当時には、国際情勢にも連なり、南から北方探査・交易のために進出した上毛野氏とその配下、北から鉄器などを求めて南下した続縄文の集団、南北の移住者が活発に押し寄せてきた。南北からの強いプレッシャーを受けた地元のマージナルな人たちは、こうした状況を消化吸収し打開すべく、自らのアイデンティティを古墳文化に強めたり、続縄文文化に強めたりするなど、いずれかの文化に重きを置く選択をしたのではないか。彼・彼女らは、交易・交流の活性化に伴い、ある集落は古墳へ、ある集落は続縄文へと、南北それぞれのアイデンティティへと傾斜を強めたのであろう。憶測を深めれば、これらの集落同士をまとめるべく、交易・交流の最前線に立ち、異文化の受容の先頭に立つ「古墳派」「続縄文派」双方の首長がいたことも推定される。とはいえ、「古墳派」「続縄文派」も一枚岩ではなく、集落によって、文化受容・アイデンティティの濃度、グラディエーションに違いがあったはずである。例えば、古墳文化の集落から不断に出土するスクレイパー・黒曜石片は、「古墳派」のなかにも、続縄文の生業・信仰をもつものがいたことを予見させる。これこそが、複合的な文化が営まれた角塚周辺で、マージナルな地元の人たちの正体であろう。「古墳派」のなかには、上毛野氏の配下に加わり、角塚造営を助けるものや角塚での祭祀に参加するものも出てきたかもしれない。双方の首長は、移住者を受け入れつつ、交易のときに、南北の橋渡し役をしていたのであろう。むろん、安定的な交易のみではなく、「古墳派」「続縄文派」の対立が起こったことも想定される。前述の田道の敗死や形名の苦戦の伝承は、上毛野氏に対しての抵抗勢力の存在を窺わせる。角塚周辺の地元の人たちは、交易と異文化の受容、集団間のアイデンティティの対立や葛藤を克服することによって、消長していったのではないか。長いスパンを通して、古墳文化と続縄文文化の融合が進んだ北奥羽では、文化の帰属の選択は、地元の人たちの自由な意思に委ねられていたとの見方もある[58]。

　このことは、年代が下っても確かめられる。角塚周辺は、文献史料にも「水陸万頃」と出てくる（『続日本紀』延暦八年（789）七月丁巳条）ほど、肥沃な土地であった。このころ蝦夷と把握された地元の人たちは、「田夷」「山夷」などと称されるものがおり、農耕・狩猟など、彼・彼女らの生業は多彩であった。8世紀後半、角塚の故地・胆沢に本拠を構えた首長層は、アテルイに代表されるように、征夷に対して、激しい抵抗をみせる。激戦の末、古代国家は鎮守府胆沢城を築き、黒石寺のような寺院を建立していく。胆沢城では、国府に準じた様々な儀礼・祭祀、寺院では辺境鎮護のための仏教儀礼が、国司の主催のもと行われた[59]。もちろん、これらは、在来の宗教観念に由来するものではなく、地元の人たちにとって、前方後円墳と同様、明らかに外来の思想である。征夷終焉後、古代国家は、自らの支配観念に基づく信仰を浸透させようとしたのである。その一方で、鎮守府では、正月・五月の節会に参加した蝦夷をもてなすために、特別に狩猟を行っていた（『類聚三代格』巻二　造仏々名事　貞観十八年（876）六月十九日官符）。おそらく、狩猟を生業とする「山夷」を念頭に入れたものであろう。この事実は鎮守府で国司が主催する儀礼において、蝦夷の宗教観念

が反映されていたことを表しており、国家側が在来の習俗を全面的に否定したわけではなかったことを示唆する。また、征夷戦のさなかには様々な場面で「訳語」の活躍が認められ（『続日本紀』養老六年（722）四月丙戌条）、9世紀後半の元慶の乱のときには、「夷語」をよく理解した小野春風が国家側の官人として登用されている（『藤原保則伝』）。元慶の乱の直後には、かつての志波城の故地に本拠を置いた首長が「蝦夷訳語」を務めたとして授位されている（『日本三代実録』元慶五年（881）五月三日条）。こうした「訳語」の活躍は、なお地元の人たちが、都から赴いた官人にはなかなか理解できない、独特の言語を保持していたことを意味している。胆沢城跡では、「和我□□進白五斗」と記された木簡が出土しており[60]、このころ斯波のみではなく、和我などのちの奥六郡に該当する地域の首長層も胆沢城の支配機構のなかに入り込んでいる。彼らは、地元と都、両方の言語を使い分けていたのであろう。ともあれ、古代国家の城柵支配の手が及んだ9世紀以降も、角塚の故地に生きた人たちは、もともとの信仰・習俗・言語などを保持していたのである。おそらく、そのなかには、蝦夷・俘囚などと呼ばれながらも、押し寄せてくる様々な外来の文化を梃子としつつ、基層の観念のなかに取り入れ、逞しく成長していくものも登場したのではないか。彼・彼女らは、在来の宗教観念を発展的に醸成させていったのであろう。そうだとすれば、角塚の故地に生きた人たちは、一旦、古代国家の支配下に入ったとしても、なお身体に刻まれた生活の根幹の部分で重層的なアイデンティティを保持しており、鎮守府などの官人と対立した際には、いつ、アイデンティティを発露させるか分からない状態であったと思われる。このことは、吉弥侯部於夜志閇のような、国家の側に立ち征夷にも加わりながらも（『日本後紀』弘仁二年（811）七月丙午条）、何らかの原因で反乱を起こし、再度、降伏ののち城柵に留め置かれ、他の蝦夷の服属を促す役割を果たすなど（『類聚国史』巻190　風俗　俘囚　弘仁八年（817）九月丙午条）、不安定な去就を繰り返しつつ、彼に対して国家の側も大ナタを振るえないといった、複雑に動く首長がみられることからも裏付けられる。

　こうして、やや時期を広げて歴史的環境を概観すると、この地の人たちは、古墳文化のみではなく、征夷の果てに押し寄せてきた仏教文化に対しても、自らの習俗を保ちつつ、選択的に受容していたのである。彼・彼女らの観念は、仏教と基層信仰が宗教混合したものであったろう。角塚の故地より北の地になるが、岩手県二戸市付近に10世紀中葉以降建立された奥州天台寺にみられるノミ痕を残す鉈彫の仏像群には、そうしたマージナルな人々の心音が深く刻まれている[61]。

　ともあれ、角塚古墳の被葬者は、上毛野氏と深くかかわる移住者であろう。また、古墳文化のもたらす鉄器を求めて、続縄文の集団が南下していたことも疑いない。しかし、移住者にスポットをあてるだけでは、角塚古墳の境界性、周辺に営まれた複合的な文化を正確に捉えることはできないのではないか。この地には、南北の異文化を認め受け入れた地元の人たち、流動的な交易・交流を絶えず梃子として消長を繰り返していく人たちが住んでいたのである。そうした交流を通して醸成された彼・彼女らのアイデンティティは多様で、極めて動きの激しいものであった。要するに、角塚周辺は、古墳・続縄文からの移住者、マージナルで重層的なアイデンティティの地元の人たちという異なる三者が刺激し合う、いわば三次元の世界で構成されていた。そして、これら異なる三者の素顔は、5世紀代の倭王権・国際情勢とも密接に連関する交流によって彩られていたのである。

　さらに目を北方世界に転じると、古墳文化の痕跡は、それより北の地にも少数ながらも辿られる。

およそ5世紀後半のものとされる初期須恵器が、八戸市田向冷水遺跡、東北町森ケ沢遺跡、津軽海峡を越えて、七飯町上藤城3遺跡、恵庭市柏木B遺跡・カリンバ4遺跡・茂漁8遺跡、江別市大麻3遺跡、平取町パンケヌッチミフ遺跡などでも出土する[62]。田向冷水では、カマド付き住居と剣形・有孔円板の石製模造品、北大Ⅰ式土器・湯の倉産黒曜石が見つかっており、ここも古墳文化と続縄文文化の接触地点であった。隣接する市子林遺跡の続縄文系の土壙墓とのかかわりも見逃せない。平取町のある胆振日高地方は、近年、10世紀から12世紀にかけて、本州や北東アジアとの交流を裏付ける多彩な出土遺物が発見されている[63]。中世以降、和人の砂金掘りが盛んに入り込んでいることから、擦文後期の多彩な出土品も金鉱開発と絡めて推測されている[64]。初期須恵器の分布域は、上毛野氏による交易・資源探査が、北奥羽の太平洋側を経由しつつ、北海道の道央から胆振日高にも及んでいたことを暗示する。中半入遺跡の初期須恵器には畿内の陶邑産と陶邑とは胎土が異なるものがあり、後者は、仙台平野あたりにも陶邑の影響を受けた須恵器窯が開かれたことを予想させる[65]。報告書によれば、田向冷水遺跡やパンケヌッチミフ遺跡の須恵器は陶邑産とは異なるという。しかも、田向冷水遺跡・森ケ沢遺跡・上藤城3遺跡・茂漁8遺跡では、仙台平野に由来する南小泉式土師器を伴っている[66]。これら北方世界の初期須恵器や南小泉式土師器は、上毛野氏に呼応した、仙台平野から角塚周辺の古墳文化の担い手たちが持ち込んだのであろう。

　5世紀後半、国際情勢の変動によって、倭王権に生じた北方探査の気運は、上毛野氏と配下に抱えられた渡来人らの手によって、仙台平野から角塚周辺には確実に及び、その視界には、北奥羽の太平洋側や北海道の道央・胆振日高まで収めていた可能性が高い。当然、彼らは移動・移住を繰り返しつつ、現地の人々との接触を通して、資源探査のみではなく、北海道の続縄文・オホーツクなど北東アジアの諸集団の情報収集を行ったのであろう。

　さて、ここまで見てきたような経緯のもと、前方後円墳はのちの征夷の対象となる地域まで到達した。ところが、角塚古墳の次に続く前方後円墳は造られることはなかった。角塚古墳は、被葬者が初代、祭祀の主催者が二代目と、二代にわたる上毛野氏によって送り込まれた首長の足跡を表すものである。ただし、二代目の墳墓はどこにも見当たらず、三代目に引き継がれることがなかった。つまり、上毛野氏は二代目の途中、6世紀前半に角塚周辺から撤退したことになる。このころ、マージナルな地元の人たちとの関係が悪化したのであろうか。ところが、東北古墳文化の衰退は、角塚古墳だけの問題ではない。4世紀以来活況を呈していた仙台平野の前方後円墳も、ほぼ同時期に終息する。前方後円墳のみではなく、北上を支えた渡来系の文物の痕跡も消えていく[67]。つまり、角塚古墳が単発で終わった理由は、5世紀中葉から後半にかけて毛野を起点として北を目指した東北古墳文化そのものの後退とつながっている。また、目を朝鮮半島にうつすと、韓国の全羅南道・栄山江流域の前方後円墳も、続いて造られることなく、6世紀前半ころなくなる[68]。そもそも、東北と全羅南道という日本列島の周縁部への前方後円墳の拡がりは、国際情勢と深くかかわるものであり、両者の終息の時間的一致も、それと連動するとみるべきであろう。そうだとすると、東北や朝鮮半島との交通の最前線に立つ上毛野氏の動向には、より一層の注意を払わなければならない。地元との関係の悪化ではなく、上毛野氏の側に東北から撤退せざるを得ない状況が生じたとは考えられないか。6世紀前半の国際情勢と上毛野氏の動きから、東北古墳文化の後退について説明して

みたい。

　それまで、反高句麗で一致していた百済・新羅・大加耶の関係に異変が生じる。まず、百済は、東城王とその後を継いだ武寧王の時代に勢力を回復し、全羅南道への支配の浸透を図り、538年、聖王は熊津から泗沘へと遷都する。一方、新羅も、北へ領域を拡げ、かつて高句麗が百済から奪った漢江流域を奪取する。さらに、大加耶にも手を伸ばし、加耶の首長のなかには、新羅の衣冠を身に付けるものが現れる。ここに、対高句麗同盟の破綻、高句麗の朝鮮半島南部からの撤退、百済・新羅の対立が決定的になる[69]。そうした過程で、倭王権は、豊富な鉄資源の輸入先として古くから緊密な関係を築き上げてきた加耶の権益を失っていく。その流れは、562年、ついに大加耶が新羅によって滅ぼされ、決定的になる。以降、「任那の調」という形態で、新羅に旧加耶地域の鉄・金属技術の貢納を求め続けるが、極めて不安定なものであった[70]。すなわち、6世紀前半から中葉にかけての百済・新羅の対立、加耶をめぐる攻防は、倭王権にとって死活的に重要なことであった。百済の聖王は、対新羅関係を有利にするため、諸博士や仏教・仏典などを積極的に送り、倭との同盟の強化を図る[71]。この戦略は見事にはまり、7世紀中葉の百済滅亡まで、両者は友好関係を維持していく。倭王権は、百済を援助するために、たびたび兵の派遣を試みる。他方、北部九州の首長層を中心に、新羅との提携を狙う勢力も台頭し、代表格・磐井は、王権の意志をうけて新羅に奪取された加耶の土地を取り戻すために出兵しようとした近江毛野の行く手を阻んだ（『日本書紀』継体二十一年（527）六月甲午条）。彼は、倭王権に出仕していた「筑紫君」の出身で、北部九州一帯の首長層をまとめあげ、玄界灘沿岸に朝鮮半島との独自の交通のための港湾を保持していた[72]。彼の勢いは、墳墓に比定される北部九州最大の前方後円墳・岩戸山古墳とそこから有明海沿岸にまで及ぶ石人・石馬の分布に示されるという[73]。勢力圏には、百済・新羅・加耶それぞれと親しいグループを抱えていたともいわれる[74]。こうした磐井のもつ多元的なパイプは、国際情勢の変化によって大きな矛盾として噴出し、倭王権との対立を招いたのである。仮に、磐井が新羅と組んで新たな国際秩序の構築を目指せば、倭王権の存立にもかかわることとなる[75]。従って、6世紀前半の倭王権の最大の課題は、朝鮮半島の動きへの対応と北部九州など地域首長の動揺を抑えることであった。これを優先させたために、東北への関心が遠ざかったとは理解できないか。

　そのうえ、地域社会の動揺は、ほぼ同じころの関東でも認められる。武蔵では、笠原直使主と小杵の間で国造の地位をめぐる争いが起こる（『日本書紀』安閑元年（534）閏十二月条）。近隣の有力首長・上毛野君小熊に支援を求めた小杵に対し、使主は倭王権の助けを借りる。争いを制し、王権から武蔵国造と認定された使主は、横渟・橘花・多氷・倉樔の四ヶ所を屯倉として献上する。これに乗じて、倭王権は毛野にも緑野屯倉を設置する（『日本書紀』安閑二年（535）五月甲寅条）。おそらく、毛野でも、小杵の側に立ち王権からの自立を目指す小熊のみではなく、「王権―使主」に付いて地域支配を進める勢力が存在し、後者が勝利した結果、緑野屯倉が置かれたのであろう。6世紀前半の国際情勢の変化は、古来、朝鮮半島との強いパイプをもつ上毛野氏に動揺をもたらすものであり、内部において深刻な対立を生じさせていたことが推測される。倭王権と地域首長の対立は、北部九州に止まらず、関東の有力首長・上毛野氏にも及んでいたのである。このころの上毛野氏にとって、まず内部抗争を克服することが優先的な課題であり、その反動として、東北への影響力が衰退した

のであろう。

　以上のように、東北の古墳文化が後退した背景には、百済の復権・新羅の台頭・加耶をめぐる攻防など、朝鮮半島の変動に起因して、倭王権の地域支配に亀裂が走ったこと、これによって東北進出をけん引していた上毛野氏にも内紛が起こったこと、この二点があったのである。

　ところで、東北の太平洋側では、古墳文化の後退と時を合わせるように、続縄文文化の影も希薄になっていく。5世紀代に角塚古墳よりさらに南の大崎平野でも出土した北大I式土器が、6・7世紀の北大II・III式になると、ほとんどみられなくなる。一見すると、続縄文の南下が弱まり、北回りでの日本列島への交流が薄くなったかにみえるが、粛慎すなわちオホーツク人の勢いは凄まじく、このころの北海道は、道北・道東のオホーツクと道央・道南の続縄文が対峙するかの様相をみせる[76]。オホーツク人はさらに南下を加速させ、7世紀代にかけて道南の奥尻島へと触手を伸ばす[77]。オホーツク人の南下の目的は、倭王権に連なる本州の勢力と直接の交易関係を結ぶことにあった[78]。なお、『日本書紀』欽明五年（544）五月条には、粛慎が佐渡嶋にまで出没するという記事もみられる[79]。こうしたオホーツク人の行動は、それまで古墳文化との交易によって、北方世界の先進的な地位を占めてきた続縄文の集団を凌駕するものであった。また、角塚周辺などで密接な関係を形成していた上毛野氏と深くかかわる古墳文化の集団も東北から撤退していなくなる。そのために、6世紀代の続縄文の集団は、死活的に苦境に立たされ、道央・道南に釘付けになってしまったのではないか。続縄文の集団の復活、オホーツクの南下の阻止は、彼・彼女らが王権の阿倍比羅夫の北航を契機としつつ、土師器・カマド付き住居など和系文化を取り入れ、擦文文化へと転身した7世紀中葉以降まで俟たなければならない。

　こうして、6世紀前半にかけて、国際情勢の変化、日本列島の地域社会の動揺、北方民族・粛慎の飛躍などにより、上毛野氏や続縄文の集団を起点とした南北からの交通がストップし、角塚周辺の複合的な文化は停滞する。「古墳派」「続縄文派」ともに、一時的にアイデンティティの行き場を失ったのであろう。このことは、交流が活性化すると輝きを増す反面、交流が弱まると輝きを失うという、角塚周辺の境界としての歴史的環境を端的に表していよう。しかも、その境界とは、国際情勢に起因するものであり、単なる古墳文化と続縄文文化の交差点にとどまらず、北東アジアのスケールにつながるものであった。征夷の時に最も激しく抵抗するアテルイは彼・彼女らの後裔であり、この地の人たちは、再びマージナルな性格を取り戻す。その時期と要因については、別稿で詳しく論じてみたい。

おわりに

　本稿は、日本列島最北の前方後円墳・角塚古墳に関する諸問題に迫ることを通して、4世紀後半から6世紀前半の倭王権・関東と東北との関係を読み解いてみた。そのことによって、倭王権と東北の関係の動態に北東アジアの国際情勢が大きく影響したこと、東北の資源に王権・渡来人が早くから大きな関心を寄せ、関東の有力首長・上毛野氏が中心となり、東北への影響力を徐々に拡大させていったことが浮かび上がってきた。

　東北への古墳文化の伝播ルートは、4世紀代には、北陸と関東の二方向から会津盆地に入り、仙

台平野へと向かったものが、5世紀中葉から後半にかけて、毛野地方を起点として、「白河→福島県中通り→仙台平野」へという一本の道筋に変化し、角塚古墳まで到達する。しかも、この道筋に沿って、渡来系の文物の痕跡が認められる。これをもたらしたのは、当時の倭王権のなかでも、随一の国際感覚をもった上毛野氏であった。高句麗の南下という朝鮮半島の激流が引き金となり、環日本海の連携や活性化した北東アジアの集団の動きに危機を強めた倭王権は、東北への関心を強めた。上毛野氏は、東北進出にあたり、配下のなかに渡来人を率いていたことが想定される。それに呼応するように、北海道の続縄文の集団も、鉄器などを求めて、角塚周辺さらには大崎平野まで南下する。角塚周辺は、南の古墳文化、北の続縄文文化が交差し、複合的な文化が形成され、賑わいをみせていた。しかし、6世紀前半になると、百済の復権・新羅の台頭により、加耶の権益を失いつつあった倭王権に対して、北部九州などの首長層が反乱を起こす。地域社会の動揺は関東にまで飛び火して、武蔵国造の乱となって表れる。これをきっかけに、倭王権の東北進出をけん引していた上毛野氏にも、内紛が生じる。こうした国際情勢の変化と地域社会の動揺により、上毛野氏は東北から撤退し、角塚古墳は1基のみ孤立した形態で終息し、東北の古墳文化そのものも後退していく。さらに、続縄文の集団も、北方民族・粛慎と鋭く対峙したため、北海道の外へと出られなくなっていく。輝きをみせていた角塚古墳周辺の文化は、南北双方の勢力の後退により、異文化間交流が弱まったため、一時的に停滞するのである。

　最後に冒頭で呈した松本説への疑問に対する私見をまとめてみたい。①「5世紀後半に東北への移住が活発になる要因」は、国際情勢と絡み合って、倭王権・関東と東北の関係の動態がより激しくなったためと考えられる。②「地元に根ざした勢力の正体、アテルイらのちの蝦夷と断絶するか？」は、角塚古墳の周辺には、古墳・続縄文双方の文化からの刺激を受けながら、マージナルな地元の人たちが輝きを放っていた。彼・彼女らは、南北からの移住者の刺激を受けつつ、自らのアイデンティティを古墳文化に強めたり、続縄文文化に強めたりするなど、いずれかの文化に重きを置く選択をしていた。そのなかには、交易・交流の最前線に立ち、異文化の受容の先頭に立つ「古墳派」「続縄文派」双方の首長が台頭する。双方の首長は、移住者を受け入れつつ、交易のときに、南北の橋渡し役をしていたのであろう。ただし、「古墳派」「続縄文派」も一枚岩ではなく、文化受容やアイデンティティの色合いに違いがあった。これこそが、角塚周辺のマージナルな地元の人たちの正体であろう。そして、彼・彼女らの後裔こそ、『日本書紀』『続日本紀』に記された征夷のときに登場する蝦夷の首長であり、征夷に最大の抵抗をみせたアテルイらもそうしたマージナルな性格をもっていたのである。

　ともあれ、4世紀から6世紀にかけて、倭・百済・新羅・高句麗・加耶などが、国家形成に向けて、様々な同盟・衝突などを引き起こす過程で、東北の動きも、国際情勢と無縁ではなかった。角塚古墳周辺で繰り広げられた地元と古墳文化・続縄文文化それぞれの人たちとの接触・葛藤も、それによって形成された複合的な文化も、そうした国際情勢に起因するものであった。このことは、交流の消長により文化・社会が展開していくこの地の歴史的環境が、北東アジアのスケールへとつながる境界的な性格をもっていたことを意味するのである。

注

1）新井隆一「陸奥産金と征夷―道嶋（丸子）氏の活躍に注目して―」（『法政史学』80、2013年）

2）胆沢町教育委員会『角塚古墳』（2002年）

3）岩手県文化振興事業団埋蔵文化財センター『中半入遺跡・蝦夷塚古墳発掘調査報告書』（2002年）

4）亀田修一「陸奥の渡来人（予察）」『古墳時代東国における渡来系文化の受容と展開』（2003年）

5）松本建速『蝦夷とは誰か』（同成社、2011年）

6）名取市教育委員会『史跡雷神山古墳保存修理整備報告書』（1988年）

7）会津若松史出版委員会『会津大塚山古墳』（学生社、1975年）

8）辻秀人『東北古墳研究の原点　会津大塚山古墳』（新泉社、2006年）

9）菊地芳朗「古墳と地域権力―会津盆地の分析から―」（『古墳時代史の展開と東北社会』大阪大学出版会、2010年）

10）近藤義郎編『前方後円墳集成　関東・東北』（山川出版社、1994年）

11）藤沢敦「倭の周縁における境界と相互関係」（『考古学研究』48－3、2001年）

12）近藤義郎編前掲注（10）書

13）辻秀人「古墳の変遷と画期」『新版古代の日本⑨　東北・北海道』（角川書店、1992年）

14）橋本博文・平野卓治「関東」『列島の古代史1』（岩波書店、2006年）

15）若狭徹『東国から読み解く古墳時代』（吉川弘文館、2015年）

16）若狭徹前掲注（15）書

17）若狭徹前掲注（15）書

18）土生田純之「東国における渡来人の位相と多胡郡建郡」（『多胡碑が語る古代日本と渡来人』吉川弘文館、2012年）

19）右島和夫「古墳時代の毛野・上毛野・下毛野」『古墳時代毛野の実像』（雄山閣、2011年）、若狭徹前掲注（15）書

20）亀田修一前掲注（4）論文

21）戸田有二編『古代祭祀建鉾山遺跡　本文編・図版篇』（吉川弘文館、1998年）

22）小池浩平「上毛野氏及び上毛野―上野国地域とエミシ政策との関連（3）―近江・上毛野・陸奥地域を結ぶワニ系氏族のあり方を中心に―」（『群馬県立歴史博物館紀要』33、2012年）。また、女鹿潤哉氏は、『日本書記』仁徳紀にみられる上毛野君田道の東北遠征と角塚古墳との相関関係を指摘している（「仁徳紀「田道」伝承と角塚古墳―東北地方北半の独自性を中心とする少考―」『弘前大学国史研究』107、1999年）。

23）高橋信雄「蝦夷文化の諸相」（『古代蝦夷の世界と交流』名著出版、1996年）

24）土生田純之前掲注（18）論文、若狭徹前掲注（15）書

25）若狭徹前掲注（15）書

26）土生田純之前掲注（18）論文

27）亀田修一「渡来人の東国移住と多胡郡建郡の背景」（前掲注（18）書）

28）熊谷公男「五世紀の倭・百済関係と羅済同盟」（『アジア文化史研究』7、2007年）

29）李成市「新羅の国家形成と加耶」（『日本の時代史2　倭国と東アジア』吉川弘文館、2002年）

30）鈴木靖民「加耶の鉄と倭王権についての歴史的パースペクティヴ」（『日本古代国家の展開』上　思文閣出版、1995年）

31）田中史生『倭国と渡来人』（吉川弘文館、2005年）

32）加藤謙吉『大和の豪族と渡来人』（吉川弘文館、2002年）

33）朴天秀『加耶と倭』（講談社選書メチエ、2007年）

34）土生田純之前掲注（18）論文

35）高田貫太「日本海沿岸地域の対朝鮮半島交渉―若狭・越前・近江地域」（『古墳時代の日朝関係』吉川弘文館、2014年）

36）臼杵勲「靺鞨社会の形成―後期鉄器時代」（『鉄器時代の東北アジア』同成社、2004年）

37）菊池俊彦「大陸との交流」（『新北海道の古代2　続縄文・オホーツク文化』北海道新聞社、2003年）

38）天野哲也「極東民族史におけるオホーツク文化の位置」（『古代の海洋民　オホーツク人の世界』雄山閣、2008年）

39）石附喜三男「擦文式土器の編年的研究」（『北海道の研究2　考古篇Ⅱ』清文堂、1984年）、天野哲也・小野裕子「オホーツク集団と続縄文集団の交流」（『海峡と古代蝦夷』高志書院、2011年）

40）八戸市教育委員会『八戸市内遺跡発掘調査報告書18』（2004年）

41）岩手県文化振興事業団埋蔵文化財センター前掲注（3）書

42）鈴木靖民「倭国と東アジア」前掲注（29）書

43）藤沢敦「古墳文化と続縄文文化の相互関係」（『古墳と続縄文文化』高志書院、2014年）

44）高瀬克範「北上川流域における続縄文系石器の使用痕分析」前掲注（43）書

45）『青森県史資料編・古代2　出土文字資料』（2008年）

46）飯村均『律令国家の対蝦夷政策　相馬の製鉄遺跡群』（新泉社、2005年）

47）新井隆一前掲注（1）論文

48）岩手県文化振興事業団埋蔵文化財センター『沢田遺跡発掘調査報告書』（2014年）

49）岩手県文化振興事業団埋蔵文化財センター『石田Ⅰ・Ⅱ遺跡発掘調査報告書』（2015年）

50）水沢市埋蔵文化財センター『面塚遺跡』（1999年）

51）盛岡市教育委員会『永福寺山遺跡』（1997年）

52）辻秀人「蝦夷と呼ばれた社会―東北北部社会の形成と交流―」前掲注（23）書

53）阿部義平・須藤隆・富岡直人・奈良佳子・髙橋哲「岩出山町木戸脇裏遺跡における北海道系土壙墓と出土遺物の研究」（『宮城考古学』5、2003年）

54）高橋誠明「古墳築造周縁域の地域社会の動向―宮城県北部大崎平野を中心に―」前掲注（43）書

55）藤沢敦前掲注（43）論文

56）佐藤嘉広・伊藤博幸「岩手県水沢市橋本遺跡出土土器について」（『岩手県立博物館研究報告』10、1992年）、水沢市埋蔵文化財センター『常盤広町遺跡―東部地区の発掘調査―』（1995年）

57）岩手県教育委員会『東北縦貫自動車道関係埋蔵文化財調査報告書―Ⅻ―（石田遺跡）』（1981年）

58）藤沢敦前掲注（43）論文

59）新井隆一「奥州天台寺と古代北奥羽の太平洋沿岸交通―漆の交易路に注目して―」（『環太平洋・アイヌ文化研究』10、2013年）

60）水沢市埋蔵文化財センター『胆沢城展』（2002年）

61）新井隆一前掲注（59）論文

62）八戸市教育委員会『田向冷水遺跡Ⅱ』（2006年）、平取町教育委員会『パンケヌッチミフ遺跡』（2010年）

63）乾哲也「厚真の遺跡を支えたもの」（『アイヌ史を問いなおす』勉誠出版、2011年）

64）瀬川拓郎『アイヌの世界』（講談社選書メチエ、2011年）

65）中村造「初期須恵器の移動の背景とその系譜―岩手県中入遺跡出土初期須恵器について―」（『大谷女子大学紀要』37、2003年）

66）七飯町教育委員会『上藤城3遺跡』（2003年）

67）近藤義郎編前掲注（10）書

68）朴天秀前掲注（33）書

69）李成市前掲注（29）論文

70）鈴木靖民前掲注（30）論文

71）田中史生前掲注（31）書

72）小田富士雄・坂上康俊「西海道」前掲注（14）書

73）八女市教育委員会『岩戸山歴史資料館　展示図録』（2009年）

74）柳沢一男『筑紫君磐井と「磐井の乱」　岩戸山古墳』（新泉社、2014年）

75）山尾幸久『筑紫君磐井の戦争』（新日本出版社、1999年）

76）石附喜三男前掲注（39）論文

77）北海道埋蔵文化財センター『奥尻町青苗砂丘遺跡』（2002年）

78）瀬川拓郎前掲注（64）書

79）蓑島栄紀「蝦夷と粛慎」（『北東アジアの歴史と文化』北海道大学出版会、2010年）

（あらい・りゅういち／大日本図書）

【論文】

津軽今別本覚寺貞伝上人伝を巡って
―蝦夷地との交流をふまえて―

宮本　花恵

はじめに

今別本覚寺（青森県今別町）第五世良船貞伝（1690−1731、以下、貞伝）は近世の北東北・北海道地域一帯に絶大な影響力をもった浄土宗の僧侶である。享保年間（1716−36）に漁業振興を行ったといわれ、現在でも本覚寺では毎年9月3日に貞伝が昆布養殖に投石をしたという伝説に因み、投石祭という豊漁祈願と魚供養の行事が行われている。

また貞伝は作仏もよく行い、特に本覚寺境内にある金銅塔婆を作成した際に余った地金で一万体作成されたという高さ一寸二分（約3.6cm）の仏像[1]は漁業者によって海上交通の守護とされた。これは万体仏と称され、現在でも津軽・松前地域では仏壇に祀られていたり、近世の紀行文にも書き記されたりしている。

幕府の御救交易（1792）の一行に加わった串原正峯は著書『夷諺俗話』の中でウスの浜辺にある阿弥陀如来の堂の本尊が貞伝作であることと、上記の万体仏の霊験について書き留めている。この阿弥陀如来の堂がウス善光寺（北海道伊達市有珠町）である。ウス善光寺が蝦夷三官寺（1804）となる以前にすでに貞伝仏があったようで、ウス善光寺の寺伝によると享保年間（1716−36）に貞伝がウス善光寺を中興したとある。

近世以来、貞伝の信仰が津軽地方の産業とも深く関わっており、また蝦夷地へ渡る人々にとっては、海上安全の利益が期待された。伝説の多い人物であるが、その信仰の広がりや宗教実態に関しては十分な研究はされておらず検討の余地がある。本稿では貞伝信仰の広がりを蝦夷地との交流をふまえて考察したい。

図　今別本覚寺・蝦夷三官寺位置関係図

1　万体仏は貞伝が鋳型の像を造り、弘前の高屋氏に鋳造させたもので、享保15（1730）年に完成。師である安貞和尚が住職であった弘前誓願寺が火災で焼失し、仮殿のままであることを悲しみ、この万体仏で集めた浄財を誓願寺建立の資財にあてるために作成したと『利益伝』上巻48丁にはある。また『松前町史』（通史編、1巻上、1005頁）には貞伝仏が幸福をもたらし、特に漁業者には大漁をもたらす仏像として信仰されたとある。

1 　貞伝研究史

　戦後、貞伝を研究対象としたのは須藤隆仙氏[2]が嚆矢である。1965年に須藤氏が貞伝渡道を主張して以来、これは通説となっている。この論拠とされているのが、『貞伝上人東域念仏利益伝』（以下、『利益伝』）作者の宝洲がウス善光寺に奉納したとする納経塔である。この納経塔は『日本仏教の北限』（1966）でも貞伝渡道の論拠として挙げられており、以後、貞伝渡道の証拠とされている。

　また須藤氏の研究をうけて肴倉弥八氏[3]は、貞伝を地域の産業発展に尽力した僧侶として評価した。肴倉氏は青森県の郷土史『うとう』を刊行した郷土史家である。『今別町史』（1967年）の編纂を担当しており、この序文において、今別町の産業開発、文化向上は貞伝によるところが多々あり貴重書を復刻することで町史刊行の意義が達せられたとしている。この貴重書とは『利益伝』のことで、『貞伝上人東域念仏利益伝全』として翻刻された。しかしながら、この翻刻は写本をもとになされたものであって、原本と校合すると異字や欠文がみられた。

　肴倉氏は須藤氏の渡道を肯定しつつも『利益伝』にその記載がないことを指摘している。その上で、『有珠善光寺由来記』、『東本願寺北海道開教史』（1950年）の貞伝が享保年中に有珠善光寺へ来たとする説を引用して、貞伝の渡道を確実としている。次いで、金子寛哉氏[4]もまた須藤・肴倉両氏の貞伝の渡道があったとする説を引用し、これを肯定している。これらの先行研究によって貞伝が渡道して布教したことは通説になったといえる。

　その後、『利益伝』は圭室文雄氏[5]によって精確に翻刻された。元文2（1737）年版、清浄光寺蔵本『利益伝』を底本とし、これに解説を付している。この解説では『利益伝』の内容を四つに大別している。第一は往生人に関すること、第二は貞伝の利益と奇蹟、第三は地蔵菩薩の霊験、第四は金銅塔婆造立のことであるという。往生人と利益の分析が主で、所収されている『近世往生伝集成』の性格から鑑みるに、『利益伝』には往生伝としての側面をも持つと捉えられたようだ。

　また、物質文化から見た貞伝研究としては氏家等氏[6]の成果があげられる。氏家氏の専門は生活史であって、主に物質文化研究、移住と生活文化の変容過程に関する研究をされている。そのため民俗学の視点からフィールド調査をされており、北海道開拓記念館（現、北海道博物館）所蔵の万体仏から貞伝仏が後世に模倣されて製作された可能性を指摘している。また貞伝がウス善光寺に来たかを断定することはできないとしながらも、松前地に行脚していてもおかしくない状況であったとし、当該地域の宗教伝播を考察されている。

　さらに菊池勇夫氏[7]は近世、蝦夷地のなかの「日本」の神仏を考察されており、そのなかでウス善光寺秘仏の貞伝作善光寺阿弥陀如来像の伝来に関して重要な指摘をされている。菊池氏は串原正

2　須藤隆仙「貞伝万体仏などで尊信を集めている偉僧」1965年、『北海道と宗教人』所収
3　肴倉弥八編『今別町史』1967、翻刻『貞伝上人東域念仏利益伝全』所収
4　金子寛哉「貞伝上人東域念仏利益伝について」1975年、『大正大学研究紀要61号』所収
5　圭室文雄「『東域念仏利益伝』について」1980年、『近世往生伝集成三』所収
6　氏家等「貞伝と貞伝仏」2007年、『移住とフォークロア北海道の生活文化研究』所収
7　菊池勇夫「蝦夷地のなかの「日本」の神仏―ウス善光寺と義経物語を中心に―」、2015年、法政大学出版局、『日本史学のフロンティア1 歴史の時空を問い直す』、『近世北日本の生活世界』2016年、清文堂出版、所収

峯（1792）と菅江真澄（1791）[8]が貞伝作の本尊を書き留めている点をあげ、それ以前には「貞傳」の名前がみられないことを述べている。これは大変に示唆を含んだ指摘である。貞伝没後およそ60年をへて蝦夷地に貞伝仏が出現しているのである。菊池氏は貞伝の渡道に関しては須藤氏の説を挙げながらも言及はされていない。

貞伝の渡道は宝洲納経塔の存在によって通説であるとされており（須藤・1965）、これに対して『利益伝』に記載がないこと（肴倉・1967）や実証的な資料がないこと（氏家・2007）は従来指摘されてきた。しかし須藤説の根本的な否定には至っていない。また菅江真澄や串原正峯がウス善光寺本尊は「貞傳作」であるとしていることから、遅くとも寛政3年（1791）頃には確実に貞伝仏が存在していたと考えられる。これは蝦夷三官寺（1804）になる以前からすでに蝦夷地に貞伝仏があったことになり、大変大きな意味を持つ。

さらに万体仏の収集地をみると、福島町・松前町・伊達市（氏家・2007）で、渡島半島から噴火湾にかけて分布している。これら地域一帯で万体仏がみられるのは、貞伝が生存中に布教をしたからだとされている（須藤・1965）が、それを決定するのは蝦夷地での仏教信仰の広がりにもつながる問題を含むので、貞伝の渡道は検討の必要がある。

本覚寺境内

本覚寺境内　金銅塔婆

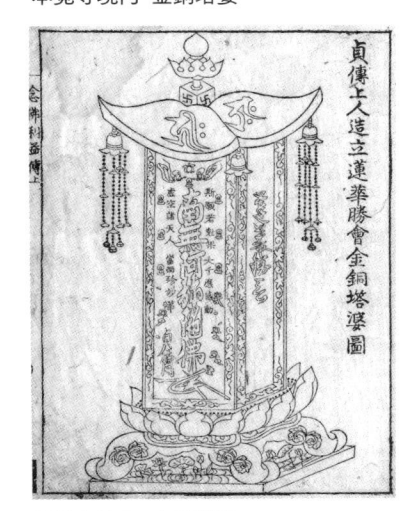

本覚寺境内　金銅塔婆

8　菅江真澄『えぞのてぶり』（『菅江真澄全集』2巻所収、132頁、1971年、未来社）

2　貞伝の生涯とその時代

　先に貞伝の生涯を簡略ながら紹介したい。貞伝は諱を良船、訪蓮社と号し、今別本覚寺五世となって近在のみならず、南部・秋田・松前まで尊崇を集めた僧侶である。元禄3（1690）年、弘前藩領今別村（今別町）新山新左エ門の家に生まれ、2歳の時に父母が出家にだすことを誓い、のちに良心安貞の弟子となる。安貞は貞伝4歳の時に本覚寺二世であったので、この時に縁があったと考える。安貞は次いで弘前誓願寺住職となり、貞伝もこれに従い当寺で修行をした。15歳になると浄土宗名越派壇林寺院山崎専称寺（いわき市）で修学する。この後、貞伝は本覚寺檀家の招請により享保3（1718）年、29歳で本覚寺五世を継ぐ。貞伝の今別での活動期間はおよそ13年間であって、『利益伝』にはその間におきた数々の奇蹟を報告している。これによると貞伝に日課念仏を誓約した信者は6万人にのぼったという。享保16（1731）年4月10日、42歳で病死すると遺体は本覚寺境内に埋葬された。

　次に近世期の今別本覚寺とその周辺にふれたい。まず本覚寺を本寺として三厩竜馬山観音堂（龍馬山義経寺）、三厩湊久庵、浜名無量庵、大川平浄心庵、野田玉泉庵の末庵があった。現在の外ヶ浜町・今別町一帯にあたり、本覚寺の檀家は主に津軽半島の突端に集中している。『利益伝』の報告者にはこれらの地域以外に、弘前・鰺ケ沢・南部八戸・讃州塩飽・能登・出羽・福島などがみられた。

　貞伝の生地である今別村は、貞伝が生まれる5年前、貞享2（1685）年、四代藩主津軽信政（1646－1710）の時代に今別町奉行がおかれたので、検地上では「今別町」とされた。当時、隣の蟹田と今別は檜が繁茂しており伐木して北陸方面に移出していた。背後に津軽山地が広がり、これが藩有林とされた。この頃には加賀・能登・越後・松前との交通が開け、藩の管理下に置かれた[9]。さらに末庵のある三厩は松前をつなぐ渡海場で、松前藩主江戸参府の際も行列は今別を通り青森へ向かった。このように貞伝の幼少時、今別は木材の積出港であるとともに松前街道の宿駅にあたり水陸両方において交通の要地であった。そのため、今別の繁栄に伴い、本覚寺に祈祷を依頼する参詣者が増えたと考えられる。

　さて近世の僧侶は各宗派の学問所で修学しなくてはならなかった。貞伝が修学した山崎専称寺は本覚寺の本寺にあたり、近世の東北地方一帯の浄土宗僧侶が修学に訪れた寺院である。現在は存続していないが、かつては名越派の総本山として一山には各地方出身毎の寮が存在した。貞伝はここで約15年間修学し、浄土宗教学を学んでいる。名越派では全七課程を修学し、全課程を修了するには18年以上を要するうえに[10]、経済的な理由から2〜3年で帰国する者[11]も多かった。

　これらのことから貞伝は長期修学するための経済基盤があり、また学僧としても優秀であったといえる。さらに学業優秀である場合、学寮主となり出世を目指す傾向にあったが、享保3（1718）

9　『今別町史』54〜69頁
10　名越派修学の様子は栃木県鹿沼市清林寺所蔵の古文書である「位書之事」に詳しい。内容は入寺帳であり、名越派檀林の規定を伝える貴重な史料である。（『浄土宗名越派史料集』所収）この文書に関しては宇高良哲「名越派檀林の僧侶養成」（『近世浄土宗史の研究』）において白旗派の修学方法との比較がなされている。
11　東京小石川源覚寺文書、天保5年（1834）4月9日と9日に、比丘賢道により書写された手書き本。藤田定興「寺院の庶民定着と伝法―浄土宗寺院を中心として―」（『論集日本仏教史』7巻所収）ではじめて史料紹介されたもので、檀林寺院で2〜3年しか修学していない者のために専称寺の切紙から要点を書写したものである。

年6月に今別本覚寺住職の懇願をうけると直ちに帰国している。そのため当時の本覚寺檀家が貞伝を経済的に支援していたのではないか。

【貞伝年表】

西暦	和暦	歳	出来事（出典）
1690	元禄3	1	貞伝、奥州外浜今別村に生まれる（利益伝） 同村新山仁左衛門の子（津軽藩旧記伝類）
1691	元禄4	2	父母、出家の約をする。貞伝を安貞和尚の弟子にする（利益伝・津軽藩旧記伝類）
1693	元禄6	4	安貞和尚、始覚山本覚寺第二世となる（始覚山縁起）
1704	宝永1	15	貞伝、弘前誓願寺で瑞夢（利益伝） 奥州壇林梅福山専称寺へ入寺（利益伝）
1718	享保3	29	6月、始覚山本覚寺第五世になる（利益伝）
1722	享保7	33	11月、今別大火（利益伝）
1723	享保8	34	2月、貞伝、霊夢にて安貞和尚と対話（利益伝）
1724	享保9	35	津軽一帯、疫病流行。貞伝、仏法守護の諸天神、龍神八部の冥衆に百日間梵網戒経を講じる。法楽呪願して人民の疫病を除こうとする（利益伝）
1726	享保11	37	正月、金銅塔婆造立発願（利益伝） 諸方より古壊の金銅器物七百貫目集まる。出羽国鋳工北原氏に命じて作成。5月完成（利益伝） 6月23～7月2日まで慶讃供養。千部阿弥陀経・流灌頂念仏会法用修し、呪願回向（利益伝） 6月23～7月23日まで金銅塔婆建立供養。南部・秋田・松前は言うに及ばず近国より参詣群衆。貞伝名号授与（山形日記）
1730	享保15	41	正月、弘前鋳物師高屋氏に命じ、金銅塔婆の地金余を使い1寸2分の阿弥陀仏一万体作成。一七日如法念仏修し開眼・慶讃供養。万体仏を弘前誓願寺へ奉納。浄財を誓願寺建立の助力にあてる（利益伝） 貞伝、野田村まで万体仏を見送った後、湯治（利益伝）
1731	享保16	42	正月、貞伝発病。 3月、病状悪化。門人、投薬・看病に当たる。 4月、小康状態。 4月8日、貞伝、日課念仏授与者の名簿をみて随喜し、この名簿を遣迎二尊の宝塔に納めよと弟子に依頼。 4月9日、貞伝、弟子良頓・吉田某に法話。 4月9日深夜1時、貞伝退出後、西方で地震2回。 4月10日朝、貞伝、頭北面西の姿で入滅しているのを侍者発見。 4月14日、全身を寺境内に埋葬。信者、14日間不断念仏。 机上に二首の辞世の句がみつかる（利益伝）
1736	元文1		6月、獅子ヶ谷宝洲『貞伝上人東域念仏利益伝』執筆開始（利益伝）
1737	元文2		貞伝七周忌。『貞伝上人東域念仏利益伝』上下二冊刊行（利益伝）
1738	元文3		『貞伝上人東域念仏利益伝』二版刊行（国書総目録）

3　貞伝信仰の広がり

　享保12（1727）年6月、『山形日記』[12]によると「一、六月廿三日ヨリ七月廿三日迄今別本覺寺貞傳和尚金銅塔婆建立供養有之南部秋田松前ハ不及申近國ヨリ参詣群衆シ而外ヶ濱前代覺無之由和尚六字之名號ヲ授ケ候由名僧之旨申候」とあり、これによって貞伝は津軽のみならず、南部・秋田・松前まで広く知られており、すでに松前から本覚寺へと参詣人が訪れていたことがわかる。これに記載のある「金銅塔婆」は現在、「青銅塔婆」の名称で青森県指定文化財にされている。建立の経緯については『利益伝』に詳細があり、本覚寺境内に現存する。

　ところで松前からの参詣人は確認されるのであるが、貞伝が布教しに行ったとは書かれていない。そこで幕末に活躍した松浦武四郎の紀行文『東蝦夷日誌』二編[13]（文久3〈1862〉年）から気になる部分を紹介したい。

　　　　大臼山道場院善光寺（浄土宗。本尊、臼坐三尊阿彌陀如来、金佛。津軽今別本覺寺五世貞典上人作。
　　　　背文、享保十一丙午歳正月廿五日、同國祈願所、光善寺十三世青蓮社禪譽上人知榮和尚、松前臼山善
　　　　光寺一光三尊如來開眼、道場大願首上總國市原郡古敷谷村光明寺八世天慶社眞譽辯知頓阿和尚と有）

　これはウス善光寺にある本尊の背文を書き留めたものである。これを解釈すると、臼坐三尊阿弥陀如来は貞伝作で、貞伝が生存中の享保11（1726）年1月25日に市原光明寺の頓阿和尚が願主となって、松前光善寺知栄和尚が貞伝仏を開眼供養したということになる。ちなみにこの記載は間違いであって、これに関してはすでに『新稿伊達町史』上巻の中で指摘[14]されている。正しくは「臼坐三尊阿彌陀如来」ではなく、「臼坐一尊阿彌陀如来」であって、背文は「貞傳作」である。武四郎が書いている背文は貞伝仏のものではなく、別に存する臼坐三尊阿彌陀如来のものである。武四郎の間違えは、おそらくすでに貞伝の渡道があったと語られていたためにおこったのではないか。

　また星野和太郎『北海道寺院沿革誌』[15]（1894）によると、「其後享保年中津軽本覺寺住僧貞傳來リテ如來模像ヲ唐銅佛ニ鑄移安置セリ今日ノ本尊是ナリ」とあり、明治中期には貞伝がウス善光寺に来て仏像を作り、安置したと解釈されている。武四郎の頃からさらに貞伝渡道があったと流布されていたことがうかがえる。

　次に民間伝承から北海道との関わりがあるものを二点あげたい。一点目は内田邦彦『津軽口碑集』[16]（1929）で「此今別より松前までは海を越えて十里もあるべきに、此上人はいつも松前に往つて來るとては草履ばきにて出で往けり」とある。今別から松前までを軽々と往復する貞伝が語られている。二点目は、北海道庁編『北海道の口碑伝説』[17]（1940）である。

12　『青森縣史』2巻、1971年、424頁
13　吉田常吉編『新版蝦夷日誌』上巻、時事通信社、1984年、66頁
14　渡部茂編『新稿伊達町史』三一書房、1972年、279頁
15　星野和太郎『北海道寺院沿革誌』明治27（1894）年、時習館、38頁
16　内田邦彦『津軽口碑集』昭和4（1929）年、郷土研究社、36頁
17　北海道庁編『北海道の口碑伝説』昭和15（1940）年、日本教育出版社、16頁

　貞傳はその年の始に、今年雪が消えたなら松前から大佛を造る木の注文が必ず来るから、今雪のある中に彼の澤の奥にある楢の大樹を伐り、山出ししておいたらよいと村人に言った。（中略）春ともなり雪のとけそめた頃、奇しくも松前から貞傳の豫言した通り、大佛にする用材の注文の使者が來たので村人はまたびつくりした。そして彼の楢の巨材は松前の使者に賣渡されたが、貞傳は請はるゝまゝに海上穏和な日に、楢の巨材とその大きな枝とを船積にして今別を船出して松前に渡つた。

　これは渡島支庁が福山町（現、松前町）で採集した伝承である。この伝承の舞台は今別本覚寺と松前宗円寺である。宗円寺（曹洞宗）は明治37（1904）年頃に小樽へ移転している。同寺には伝貞伝作の大仏と五百羅漢像があり寺とともに小樽汐見台へと移っている。五百羅漢像は昭和41（1966）年に小樽市指定文化財となっており、小樽でも貞伝作との伝承[18]がある。

　これらの伝承からは①林業の産業指導、②今別と松前の往復、③貞伝の作仏が読み取れる。特に松前から木の注文があるという予言については近世の今別で林業が盛んであったことと連関すると考えられる。松前地では海と山との産業に関わる貞伝像が語られたといえる。さらに『松前町史』（前掲、註１）にあるように、貞伝仏がとくに漁業従事者から信仰された。伝承にある今別と松前を軽々と往来する様子から航海安全の守護者という面がうかがえる。これらは伝説の域を脱していないとはいえ、戦前の認識では貞伝渡道の伝説が広がっていたことがわかる。

4　宝洲渡道再検討

　戦前にはすでに貞伝の渡道は流布していたのであるが、戦後の貞伝研究において、渡道を通説と至らしめたのは須藤氏のあげる「宝洲納経塔」の存在[19]である。

　北海道にきたか否かは、これまで史家の間で問題にされたことであるが、私はたしかに来たと思っている。それは貞伝とほぼ同じころの僧で宝洲という人が『貞伝上人東域念仏利益伝』という、彼の伝記を書いているが、この宝洲がわざわざ有珠善光寺にきて、経を納めており、その納経塔が同寺に現存している。おそらく宝洲は貞伝の伝記作製のため、その足跡をたずねてエゾ地まできたのであろう。宝洲の渡道から推しても貞伝が渡道したことは確実のようである。（須藤・1965）

　この納経塔は確かにウス善光寺に現存する。正面には「大乗妙典」、左側面には「桑門／寶洲」とあり、造立年代はみられない。貞伝渡道を再考察するには、まず「宝洲納経塔」について検証する必要がある。

18　渡辺悌之助『小樽文化史』昭和49（1974）年、186頁
19　須藤隆仙『北海道と宗教人』教学研究会、27頁

　大島泰信『浄土宗史』[20]に宝洲の記述があり、これによると宝洲は浄土宗典籍の刊行に尽力した学僧であって、伊勢悟真寺（鈴鹿市）に住持の後、相馬中村藩五代藩主相馬昌胤（1661−1728）の招待を受け、享保2（1717）年から中村興仁寺（相馬市）三世となった。また興仁寺一世寅載[21]と二世霊潭[22]もともに学僧で、寅載と宝洲は師弟にあたる。おそくとも享保19（1734）年には、師である寅載と交流のあった忍澂（1645−1711）のあとをついで京都獅子ヶ谷法然院三世[23]となっている。須藤氏の言う宝洲が渡道して取材をしたという事実は宝洲の著作活動から再検討しなくてはならない。

　享保2（1717）年、宝洲が相馬興仁寺三世となり、その翌年には貞伝が本覚寺五世となる。二人は同時期に奥羽地方で活躍したといえるので、伝記を宝洲に依頼するのは自然なことに思われる。しかし「かの外浜は住こし標葉郡よりまだ十日余の行程をへだて侍りしかば。かの地まではえ至りざりき」（『利益伝』上・序・03オ）とあり宝洲は今別まで行っていないうえに、貞伝とも面識がなかった。

　さらに貞伝の入滅と同年、享保16（1731）年7月16日に亀岡文殊堂（山形県高畠町）で禅峰待定（1685−1731）が入定した。宝洲は先に待定の伝記を依頼されている。曹洞宗常圓寺（福島市）住職江岸月泉が書いたものに宝洲が評をくわえて『出羽待定法師忍行念仏伝』上下2冊（享保19〈1734〉年刊）が上梓された。これと同時に『浄業課誦付録』[24]の改刻をなしている。多忙であったためか本覚寺六世忍秀及び本覚寺檀家信徒の執筆依頼を再三断っていたようである。

　　津軽本覚覺寺第六世身連社良愚忍秀上人及法屬等共捐衣資刊行此念佛利益傳両巻以擬先師貞傳
　　和尚七周之營福且備将來興法利生之縁者也冀四恩三有齊荘浄土花報倶結菩提玅果
　　　元文二年龍舎丁巳季旮上澣　雒東獅谷蓮社審洲識（『利益伝』下・58ウ）

　これによると貞伝の七周忌にあて元文2（1737）年春に宝洲が書いているようであるが、『浄土宗史』（大島・1914）には、宝洲は元文元（1736）年に入寂とある。おそらく宝洲は刊行前に亡くなっており、この文は刊行にむけて事前に書いたと考えられる。では『利益伝』はいつから書かれて完成したのか。

　その書き始めは、「時に元文の初年。林鐘の末伏。筆を起るが故に茲に叙す」（『利益伝』上・序03ウ）とあり、元文元（1736）年の6月下旬から書き始めたとわかる。そして下巻跋文には「元文改元丙辰仲冬長至日洛東獅／谷蓮社沙門鶴宝洲識」（『利益伝』下・跋・ウ）とあるので、同年11月中旬に書き上げたことになる。執筆期間は約5か月であって、その後、宝洲が死亡したと考えられる。翌

20　大島泰信『浄土宗史』大正3（1914）年『浄土宗全書』20巻所収、658頁
21　『略伝集』（『浄土宗全書』18巻所収、475頁）
22　『略伝集』（『浄土宗全書』18巻所収、480頁）
23　『待定法師忍行念仏伝』上巻の序文に「享保十九年龍舎甲寅七月上澣/洛東獅子谷白蓮社沙門鶴審洲槃譚譔」とある。
24　川口高風「諦忍律師の著作に序跋を贈った人々」（『印度學佛教學研究第四十一巻第二號』676・677頁）に「宝洲は元文元年（一七三六）四月、『浄業課誦付録』を諦忍に呈して訂正を願った」とある。後、改刻し享保19年刊行している。

年、3月下旬には二條通車屋町村上勘
兵衛と知恩院石橋町澤田吉左衛門から
売り出された。4月10日が貞伝の忌日
にあたるので完成まで急いだことがわ
かる。

　執筆期間の短さと、それ以前の著作
活動から鑑みると、取材のための渡道
は不可能である。執筆方法については
「具に口譚聴書を採集して猥に一部両
策の行實を記す」（『利益伝』上・03ウ）
とあるので、京都に来た本覚寺檀家ら
の話を書き留めたか、あるいはすでに
本覚寺の住僧が書付を持参していたと
考えられる。これらに宝洲は評を付し
たのである。宝洲が『利益伝』に引用
した参考文献の回数は468回におよび
（金子・1975）、文献は浄土宗典籍のみ
ならず他宗派の典籍・史書・歌集など
多岐にわたる。

　では「宝洲納経塔」はだれが奉納し
たのか。これについては蝦夷三官寺
（1804）になって以後であると考える。
ウス善光寺日鑑[25]の文化3（1806）年

ウス善光寺境内

宝洲納経塔

5月14日条に、ウス善光寺二世鸞洲が蝦夷地へ出発する場面があるが、この随従僧7名の中に「寶
洲」の名前がみられる。納経塔はこの「寶洲」が建てたものではないか。随従僧・宝洲に関する人
物と納経塔奉納の経緯については目下調査中である。

　以上のことから、宝洲取材のためのウス善光寺来訪（須藤・1965）は約5か月間の執筆期間を考
えると難しい。また善光寺二世鸞洲の随従僧に「寶洲」の名前がみられるため、納経塔は蝦夷三官
寺となって以後に作られたものと考える。また京都で執筆していた宝洲は『利益伝』刊行前に亡く
なっているため、やはり著者の宝洲が渡道したと考えるのは難がある。そのため納経塔を論拠とし
て貞伝が蝦夷地へきて布教したとは断定できない。

25　解読者、木立大忍・木立真理・松下昌靖『蝦夷地善光寺日鑑・解読第一巻「新寺建立・住職交代編」蝦夷地御取
　　建並住職交代一件記享和三年～文化三年』平成17（2005）年刊行、本文中252頁に「寶洲」がみられた

5－①　貞伝仏の利益

　貞伝が渡道していないと仮定すると、貞伝万体仏が渡島半島から噴火湾にかけてみられるのはな
ぜか。これに関して示唆をあたえてくれるのが、前出の串原正峯の『夷諺俗話』(1792)[26]である。
串原は「ウス嶽の事」に阿弥陀如来の堂の本尊は南部今別本覚寺五世貞伝の作仏で、如来堂のうち
には百万遍の数珠や鉦があり、アイヌも集まって百万遍をくり、念仏を唱え、回向願文も日本言葉
で言ったとある。また貞伝和尚が甚だ道徳のある和尚でこの作仏は奥筋の者どもが甚だ信仰をなす
ところであるという。今別は津軽半島にあるわけだから「南部今別本覚寺」とするのは誤りである
が、これは当時の下北半島では貞伝の信仰が篤かったことを指すのだろう。

　この「阿弥陀如来の堂」がウス善光寺で、そもそも蝦夷三官寺(1804)となる以前から当地は霊
場として知られており、円空（寛文6 (1666)年7月）・木喰（安永7 (1778)年閏7月10日）のよう
な回国行者や菅江真澄（寛政3 (1791)年6月10日）のような旅行者も訪れている。西蝦夷地のオオ
タ（太田）の権現窟とともに巡礼されていたようで、和人の出入りが許されていない蝦夷地にあっ
て多くの参詣者を集めていた[27]。松田伝十郎『北夷談』(1799)[28]にも、南部・津軽辺から「臼善光
寺参り」として参詣人や聖の僧侶が来るとある。

　菅江真澄によると「又すゝけたる紫銅のあみだぼとけのあるに、鎮西沙門貞伝作之とあり」と記
し、『利益伝』についても紹介[29]し、堂内では月の中旬から下旬にかけて「通夜し、ねぶち（念仏）
をとなへて円居して、大数珠をくりめぐらし」とある。また年越し住居する和人が春の彼岸に堂内
に集い、「よねぶち」するともある。「よねぶち」とは「夜念仏」だろうか。巡礼者だけでなく越年
する和人の参籠があったことがわかる。

　真澄は貞伝仏を「紫銅のあみだぼとけ」と表現した。これと同じものと考えられるのが、松田伝
十郎が記したウス善光寺の「銕佛」である。この「銕佛」には熟慮しなくてはならない点がある。
松田が「銕佛」の由来を「老夷」に尋ねており、①いつの時代かはわからないが澗内で漁をしてい
ると網にかかって、その光明は火が燃えるようであった、②不漁又は悪しき病気等あるときは参詣
して祈ると験がある、これらは「老夷」の親から聞いた話と書き留めている。この海中出現と火の
ような光明は難波津の善光寺如来出現を想起させる。信州善光寺縁起がウス善光寺でも語られてい
たのである。

　さらに松田は「うすの善光寺」と書いており、同年に木村謙次（1799・『蝦夷日記』）[30]も「碓善光寺」
と書いている。すでに「ウス善光寺」と呼称されていることから、ウス善光寺信仰の広がりととも
に参詣人が増加したことがわかる。当時、ウス善光寺には豊漁と病気平癒の利益が語られる「銕佛」
があって、南部・津軽辺からの参詣者が多かったといえる。以上から、この仏像が貞伝作臼座一尊
阿弥陀如来像である可能性が高い。

26　串原正峯『夷諺俗話』（寛政4 (1792)年『日本庶民生活史料集成』4巻所収、511〜3頁）
27　谷本晃久「善光寺と円空仏とオットセイ」（2005年『アイヌの道』所収、吉川弘文館、59〜65頁）
28　松田伝十郎『北夷談』（寛政11 (1799)年『日本庶民生活史料集成』4巻所収、98頁）
29　菅江真澄『えぞのてぶり』（寛政3 (1791)年6月10日、『菅江真澄全集』2巻所収、未来社、132頁）
30　木村謙次『蝦夷日記』（寛政11 (1799)年1月8日、『木村謙次集上巻蝦夷日記』所収、254頁）

ウス善光寺の日鑑によると、蝦夷三官寺となって文化3（1806）年、二世鸞洲がアブタ・ウス両場所のアイヌ500人余りをよんで百万遍念誦を行った[31]とある。佐々木馨氏[32]によれば、ウス善光寺では徹頭徹尾、ウスとアブタ場所のアイヌに対する全体的改宗を行っていたと指摘されているが、前述の状況から推すに文化3（1806）年頃の当該地域のアイヌには百万遍念誦を受容する素地があったと考える。アイヌによる百万遍念誦は串原のいうように「貞伝仏」を拝みに参詣するものが多かった証左ともいえよう。

5－②　貞伝仏の利益

串原はクナシリ・メナシの戦い（1789）で生き残った伝七所持の貞伝万体仏霊験についても書き留めている。この事件は、寛政元(1789)年5月7日、国後島南端泊付近のアイヌが泊運上屋を襲い、そこにいた松前足軽竹田勘平その他支配人・通詞・番人を殺害し、続いてマメキライ・トウブイ・フルカマプ等の番屋を襲撃、和人22人を殺害して物を奪い、13日ネムロのメナシに渡って当地のアイヌを扇動し、シベツ・チュウルイ・コタヌカ・サキムイ・クンネベツ・オロマップ等を襲い、さらに和人49人を殺害した事件である。その被害者は計71人に達した。

この事件の生き残りである伝七が貞伝万体仏を所持していたのである。事件の取調を記録した松前藩番頭の新井田孫三郎『寛政蝦夷乱取調日記』[33]にも、寛政元（1789）年6月9日に弟吉兵衛と伝七の「口書」が書写されているので実在した人物とわかる。まずは串原が書き留めた万体仏の霊験を引用したい。

> 南部大畑村傳七といふもの、貞傳作の銅佛壹寸八分の彌陀尊像を所持なし、年頃信仰せしが、尊像の霊験によりて蝦夷地にて大難を除かれたる其譯は、（中略）マメキリ傳七に向いふ様は、其方に尊き佛像を所持有るよし兼々聞及ぶ所なり。夫を此方へ渡し可レ申といふ故、傳七日頃身を離さず大切に信仰なす所の貞傳和尚作の阿彌陀如來厨子入の尊像、其秘藏なす所といへとも一命にはかへがたく思ひ、（中略）尊像其外米、麹、酒、烟草、木綿、小間物類、代呂物不レ残相渡しければ、夫を夷とも背負てマメキリが家へもち運ひたり。（中略）進退爰に極りたりとて、覺悟してゐたりしに、程なく間近く成て、アツケシ婆々なりと聲々に旬り参りし故、両人も安堵して、（中略）マメキリにとられたる尊像並に交易代品物等取返し、伝七へ渡したり。かやうに危ふき大難を遁れ、尊像も先の手へ一たん渡しけれども、又々伝七が手へ戻りしも、尊像の霊験尊むべし。（夷諺俗話）

この中では①マメキリに捕まるが弟吉兵衛とともに助命される、②アッケシのアイヌに救助される、③マメキリにとられた万体仏と交易品が伝七のもとにもどる点が万体仏の霊験としてあげられ

31　有珠善光寺『蝦夷地善光寺日鑑・解読第二巻「蝦夷地へ出立編」蝦夷地善光寺住職記文化二年～三年』121頁
32　佐々木馨『北海道仏教史の研究』2004年、北海道大学図書刊行会、213～7頁
33　新井田孫三郎『寛政蝦夷乱取調日記』寛政元(1789)年6月1日～9月23日（『日本庶民生活史料集成』4巻所収、699～700頁に伝七・吉兵衛の口上あり）

る。また書かれてはいないが、伝七に怪我がなかったことも重要なのではないか。財産が守られたうえに心身ともに無事であったというのが万体仏の霊験といえる。

　前述の『寛政蝦夷乱取調日記』によると伝七は「飛州湯嶋村久兵衛手代」とあり、事件のきっかけとなった飛騨屋の手代とわかる。飛騨屋については後述する。伝七が「くな尻ふるかまふ」へ来たのは同年3月で、5月7日に事件が起こり、8日に弟吉兵衛、10日に伝七が捕えられた。ムシリケシのアイヌがマメキリに伝七の助命を嘆願したので5月19日に釈放される。その後、アッケシのアイヌが「私諸道具迄徒党の蝦夷より取返しくれ申候」としており、『夷諺俗話』とも一致する。

　また同日記において、もう一人の生き残り大畑湊出身の大通丸乗組員庄蔵の口上[34]には「松前箱館者」と偽り助命されたとあり、南部大畑出身者が意図的に狙われたことがわかる。クナシリのアイヌ・モシリハクは伝七・吉兵衛が「ツクナヒ差出」したとして、庄蔵にも同様に「ツクナイ」を求めている。『夷諺俗話』にある「尊像其外米、麹、酒、烟草、木綿、小間物類、代呂物」をだしたのが「ツクナイ」にあたると了解される。

　これはクナシリのアイヌが万体仏を「ツクナイ」の一つとして認識していたことになる。伝七の万体仏は厨子入りの「銅佛壹寸八分」（約5.4ギ）で、利益伝の「一寸二分」（約3.6ギ）と比べると一回り大きい。これは万体仏が貞伝死後も需要があって鋳造されていたことを意味するのではないか。北海道博物館所蔵の万体仏も5ギほどの大きさ（氏家・2007）なので、これらも貞伝死後に鋳造されたと考えられる。

　クナシリ・メナシの戦い（1789）以前に、貞伝万体仏は再び鋳造されており、飛騨屋の雇人伝七に信仰されていた。クナシリでも伝七は身はなさず万体仏を所持していた。万体仏所持は伝七の個人的な信仰にあたるか、当時の下北半島における一般的な信仰であるかは検討を要する。

　さらにウス善光寺にも万体仏の伝承があり、蝦夷地へ来る人のお守りとして尊信され、武士が戦場へ臨むに持たれたと伝えられている。後年にはウス善光寺でも鋳造されたのだろう。

6　飛騨屋の進出とウス善光寺

　クナシリ・メナシの戦い（1789）では南部大畑村出身者が襲撃対象とされた。これは過酷な労働と脅迫を強いていた飛騨屋に対する報復であった。飛騨屋は、大畑に拠点をおいて蝦夷地に進出した場所請負商人である。もともと飛騨国増田郡下呂郷湯之島村（岐阜県下呂市）で材木商を経営していたが、元禄13（1700）年、大畑に進出して飛騨屋と称した。翌々年には松前藩から蝦夷松の伐木許可を得て、木材を江戸・大坂へ回送を始めている。『新稿伊達町史』[35]によると、飛騨屋は享保4年3月から8ヵ年（1719-27）、オフケシ川・ベンベ川・オサルベツ川の伐木を許可され、その後、シリベツ山の伐木（1737-42）、シリベツ・オサルベツ・アッケシ山の伐木（1747-52）と噴火湾を中心に伐木を請け負っている。

　この飛騨屋とウス善光寺との関わりを示すものに飛騨屋寄進の半鐘がある。松浦武四郎はこの半

34　前掲註56、685〜7頁
35　「飛騨屋の有珠山伐木請負」（『新稿伊達町史』141〜7頁）

鐘の銘文[36]を、「宝暦三（癸酉）五月大吉日／南部大畑武川氏／奉献／松前白岳善光寺如来／願主／久兵衛謹敬白」と書き留めている。半鐘を寄進したのは飛騨屋三代目武川久兵衛（1737－1784）である。寄進したのは三代目久兵衛が元服した年であるので、半鐘は事業成功の祈願と当主の元服を祝って奉納されたと考えられる。

その後、飛騨屋は日本海側のイシカリ場所を請け負うが、山入りは太平洋側のオサルベツを基地にして入った。まず大畑で杣夫・持子を雇い、オサルベツに降ろし、山越しして伐木し、イシカリ川を使って木材を運んだ。伝七のような手代も大畑近辺の人を雇っており、彼らは杣夫や持子を束ねる存在であった。そのため早くからウス場所には下北半島からの労働者が入っていたことがわかる[37]。半鐘寄進の宝暦年間（1751－64）は飛騨屋のイシカリ山伐木の最盛期にあたり、大畑からオサルベツに多くの労働者が入っていた。ウス善光寺は飛騨屋の雇人たちの信仰の場として位置付けられたとみられる（菊池・2015）。

菅江真澄は寛政5（1793）年10月16日、「北村伝七」の体験談[38]を書き留めている。「北村伝七」とは万体仏を所持していた伝七のことである。すでに伝七は蝦夷地から大畑へ戻っていたようで、真澄にクナシリ・メナシの戦いについて語っている。それによると「ゑみし、としごろめぐまれたるむくひおもふにや、いのちまたくせよとて、舟してはるばると送りたり」と、日頃から伝七がアイヌに親切にしていたことがわかる。また「としは、いそぢに近きまで」とあるので伝七は50歳近くまで働いていたとわかる。当時としては老齢であろうから寿命を全うせよと船で送られたということか。

このほか「しぐま」に三回襲われて谷底に落ちて夜をあかした、船が難破して3～4日漂流し足手を魚に食われたという壮絶な体験を話している。およその年齢から伝七は飛騨屋が半鐘を寄進した宝暦年間（1750－64）頃からの雇人であると考えられる。伝七は「これや、神ほとけのたすけ給ふならん」と話を結んでいる。

飛騨屋の蝦夷地進出によってウス善光寺は下北半島からやってきた雇人たちの信仰の場となった。そのため貞伝仏が招来したと考えられる。招来の時期としては飛騨屋が伐木を請け負ってからの享保4（1719）年以後ではないか。その後、蝦夷地に進出する和人の増加とともに、貞伝仏を携行する需要が生まれ、万体仏の鋳造がなされたものと考える。

《総括・展望》

本稿では蝦夷地における貞伝信仰の広がりについて考察した。須藤氏による宝洲渡道を根拠としての貞伝渡道説は成立しないため今後さらに検証が必要である。ウス善光寺に現存する貞伝作阿弥陀如来像は下北半島から蝦夷地へ進出した飛騨屋の雇人らによって招来したと考えられる。これを本尊として南部大畑出身者の信仰の拠り所としたのだろう。しかしながら下北半島では貞伝仏の報

36　松浦武四郎『東蝦夷日誌』二編（文久3〈1862〉年新版蝦夷日誌』上巻所収、73頁）に記載あり。
37　白川友正「飛騨屋武川久兵衛年表」初出1965年『函館大学論究』第一輯別刷（飛騨屋久兵衛研究会『飛騨屋久兵衛』所収、1983年、大衆書房、240～251頁）
38　菅江真澄『をふちのまき』（寛政5〈1793〉年10月16日条、『菅江真澄全集』2巻所収、未来社、393頁）

告はなく、これも推測の域を脱していない。さらなる調査が必要である。

　蝦夷地での貞伝信仰が明らかになることで、蝦夷三官寺（1804）以前に仏教が伝播した経緯を知ることができる。ウス一帯の霊場を背景にしたウス善光寺信仰の中心に貞伝仏があったことは確実であって、津軽・下北半島からの参詣人が来るのであれば、そこには介在するものがあったと考えられる。

　上記には『夷諺俗話』の伝七所持の万体仏が大きな示唆を与えてくれる。伝七の万体仏は『利益伝』記載の物よりも一回り大きい。これはおそらく貞伝死後に鋳造されたものである。蝦夷地に万体仏を携行する需要に応えて作成されたもので、渡島半島から噴火湾にかけてみられる万体仏も同様であろう。仏像を携行する点に関しては、津軽・下北・北海道地方の信仰を比較する必要があり、そうしたうえで貞伝万体仏の位置づけもなしうると考える。

　蝦夷地における貞伝信仰の広まりは、享保期からの蝦夷地と津軽・下北半島との人的移動が増えたことによるもので、特に労働者の流入と拡散によるものと考える。課題は多いのではあるが、今後も貞伝の実態に少しでもせまっていけるよう努めたい。

【引用・参考文献一覧】

・『松前町史』通史編、1巻上（1984年）
・須藤隆仙『北海道と宗教人』（教学研究会、1965年）
・須藤隆仙『日本仏教の北限』（教学研究会、1966年）
・肴倉弥八編『今別町史』（1967年）
・金子寛哉「貞伝上人東域念仏利益伝について」（『大正大学研究紀要』61号、1975年）
・圭室文雄「『東域念仏利益伝』について」（『近世往生伝集成三』所収、山川出版社、1980年）
・氏家等「貞伝と貞伝仏」（『移住とフォークロア北海道の生活文化研究』所収、北海道出版企画センター、2007年）
・菊池勇夫「蝦夷地のなかの「日本」の神仏—ウス善光寺と義経物語を中心に—」（『日本史学のフロンティア1歴史の時空を問い直す』所収、法政大学出版局、2015年）、（『近世北日本の生活世界』所収、清文堂出版、2016年）
・菅江真澄『えぞのてぶり』（『菅江真澄全集』2巻所収、未来社、1971年）
・串原右仲正峯『夷諺俗話』（『日本庶民生活資料集成』第四巻探検・紀行・地誌・北辺篇所収、三一書房、1969年）
・吉水成正編『浄土宗名越派史料集』（青史出版、2003年）
・藤田定興「寺院の庶民定着と伝法—浄土宗寺院を中心として—」（『論集日本仏教史』7巻所収、雄山閣出版、1986年）
・青森県編纂『青森縣史』2巻（1971年復刻版）
・松浦武四郎『東蝦夷日誌』二編（『新版蝦夷日誌』上巻所収、時事通信社、1984年）
・渡部茂編『新稿伊達町史』上巻（三一書房、1972年）
・星野和太郎『北海道寺院沿革誌』（時習館、1894年）
・北海道庁編『北海道の口碑伝説』（日本教育出版社、1940年）
・内田邦彦『津軽口碑集』（郷土研究社、1929年）
・渡辺悌之助『小樽文化史』（1974年）
・大島泰信『浄土宗史』（『浄土宗全書』20巻所収、1914年）
・浄土宗典刊行会『略伝集』（『浄土宗全書』18巻所収、1914年）
・宝洲・月泉『出羽待定法師忍行念仏伝』上下2冊（底本享保19（1734）年板、昭和女子大学『學苑』上巻852号（2011年）・下巻857号（2012年）所収、翻刻・解題、関口静雄・宮本花恵）
・川口高風「諦忍律師の著作に序跋を贈った人々」（『印度學佛教學研究第41巻第2號』所収、1993年）
・有珠善光寺『蝦夷地善光寺日鑑・解読第一巻「新寺建立・住職交代編」蝦夷地御取建並住職交代一件記享和三年〜文化三年』（解読者、木立大忍・木立真理・松下昌靖、2005年）

・谷本晃久「善光寺と円空仏とオットセイ」（『アイヌの道』所収、吉川弘文館、2005年）
・松田伝十郎『北夷談』（『日本庶民生活史料集成』4巻所収、三一書房、1969年）
・木村謙次『蝦夷日記』（『木村謙次集上巻蝦夷日記』所収、1986年）
・佐々木馨『北海道仏教史の研究』（北海道大学図書刊行会、2004年）
・新井田孫三郎『寛政蝦夷亂取調日記』（『日本庶民生活史料集成』4巻所収、三一書房、1969年）
・白川友正「飛騨屋武川久兵衛年表」（初出1965年『函館大学論究』第一輯別刷、飛騨屋久兵衛研究会『飛騨屋久兵衛』所収、大衆書房、1983年）
・宇高良哲『近世浄土宗史の研究』（青史出版、2015年）
・宝洲『貞伝上人東域念仏利益伝』（袋綴装、上下二冊）引用のため翻刻。これにあたり底本を初版と考えられる家蔵の村上勘兵衛・澤田吉左衛門より売り出された元文2（1737）年板に採った。

（みやもと・はなえ／北海道大学大学院生）

【論文】

安政4年の佐倉藩蝦夷地調査と奥蝦夷地の実態

坂本　弘毅

はじめに

　本稿は安政4年（1857）に実施された佐倉藩士による蝦夷地調査について、調査及び調査記録にみられる幕末期奥蝦夷地[1]（特にクナシリ島、エトロフ島）の実態を明らかにすることを目的とする。

　佐倉藩（藩主堀田正睦）は安政3年（1856）と同4年（1857）に蝦夷地へ藩士を派遣した（以下安政3年の調査を第1次調査、安政4年の調査を第2次調査という）。第2次調査は途中ヲシャマンベ（長万部）で二手に分かれ、エトロフ方面とカラフト方面の調査を行った（以下それぞれエトロフ調査団、カラフト調査団という）。この時期には佐倉藩だけでなく、すべての老中が家臣を蝦夷地に派遣している。濱口裕介は老中家臣の蝦夷地調査を取り上げ、その調査内容や目的について考察した[2]。ただし、濱口は老中家臣の蝦夷地調査全体としての傾向をつかもうとしており、各藩の蝦夷地調査を個別に取り上げているわけではない。『新札幌市史』においても、老中家臣の蝦夷地調査についての記述がある[3]。しかし、自治体史の性格上、イシカリ地域での調査団の動向に重点を置いており、各藩の調査動向についての考察は不十分である。そのため、藩ごとの調査を分析することが現在の課題といえる。

　本稿で取り上げる佐倉藩の第2次蝦夷地調査についての研究も乏しい。今回用いる『蝦夷日記』や『東蝦夷図巻』といった調査記録は佐倉市史編さん事務局[4]、本田克代・吉田千萬[5]らによって紹介されているが、いずれも概略が紹介された程度で詳細まで分析されているとは言い難い。

　このように、安政4年の佐倉藩第2次蝦夷地調査の詳細は未だ明らかにされておらず、『蝦夷日記』や『東蝦夷図巻』の分析はなお重要な課題である。佐倉藩主堀田正睦は当時老中であり、蝦夷地調査の分析は幕府の蝦夷地政策、対外関係を考える上でも有益である。

　以上の先行研究と課題を踏まえ、本稿では6節構成で考察を進める。第1節では、本稿で用いる史料を紹介する。第2節では、佐倉藩第2次蝦夷地調査の目的を検討し、派遣された調査員と行程について述べる。第3節では、第2次調査団と他藩の調査団、東北諸藩、箱館奉行、佐倉藩との関係を取り上げる。第4節では、調査団の荷物や移動手段、費用などについて論じる。第5節では、『蝦夷日記』の記述をもとに幕末期クナシリ島、エトロフ島のアイヌについて論じる。第6節では、調査記録から幕末期クナシリ島、エトロフ島の海防体制について考察する。

　なお、本稿で何月何日条とあるのは、特に断らない限り『蝦夷日記』からの引用である。また、史料中の（　）は全て引用者による注である。

1.『蝦夷日記』と『東蝦夷図巻』

（1）『蝦夷日記』

『蝦夷日記』[6] は佐倉藩の第 2 次蝦夷地調査に関する記録で、著者は今村次郎橘である。今村はエトロフ方面の調査に絵師として従事した佐倉藩士である（第 3 節参照）。『蝦夷日記』は前半に日記、後半に蝦夷地関係の書付が収められている。『蝦夷日記』は現在佐倉市に寄託されている。北海道大学附属図書館にもマイクロフィルム紙焼本が所蔵されている[7]。本稿では北海道大学附属図書館所蔵の『蝦夷日記』を用いた。

『蝦夷日記』前半の日記の記述は、日付、天候に始まりその日の行程や地形、産物、食事、見聞したことなど多岐にわたる。アイヌに関する記述も多く見受けられ、その記述はベツカイ、クナシリ島、エトロフ島に集中する。以下、具体例を挙げると、風俗改変、職業とその賃金、漁業、軽物、支給品などである（軽物については第 5 節参照）。さらに、動植物についての記述も多く、エトロフ島では「山中熊多し、白熊も折々取るといふ」（閏 5 月 12 日条）と記している。この「白熊」はホッキョクグマではなく、白いヒグマのことであろう[8]。

後半の蝦夷地に関する書付を掲載順にまとめたのが表 1 である。表 1 から、クナシリ島、エトロフ島に関する書付が多いことがわかる。理由としては、今村の調査先がクナシリ島、エトロフ島という点が挙げられる。その中でもクナシリ・メナシの戦いについての写しが多いのは注目に値する。戦いから約 70 年経過しているにも関わらず、書付を写しているということは、今村がクナシリ・メナシの戦いを重要な出来事と位置付けていたことを示している。

「蝦夷方言」では日本語とそれに対するアイヌ語が記されている。さらに、「クナシリ島地名」では、「トマリとハ湊之事也」のように、クナシリ島の地名とその日本語訳を記している。「クナシリ島地名」の末尾には、「右者船頭并土人等江尋て記置」とあり、もともとあった書付の写しではなく、今村自らが作成したと考えられる。今村はアイヌ語を知ることが、蝦夷地を理解することにつながると考えていたのだろう。

（2）『東蝦夷図巻』

『東蝦夷図巻』は「乾」「坤」2 巻からなる巻子本である[9]。「乾」には主に蝦夷島太平洋沿岸の風景、「坤」は主にクナシリ島、エトロフ島の風景が描かれている。いずれも、風景画だけではなく、動植物やアイヌの家についての絵画もある。作者や年代についての表記はないが、内容と佐倉藩のエトロフ調査団の行程が一致すること、『蝦夷日記』の記述とも合致することから、佐倉藩士による第 2 次蝦夷地調査記録、作者は今村次郎橘と推定されている[10]。

『東蝦夷図巻』は 1935 年 12 月 10 日に北海道帝国大学附属図書館の所蔵となった。現在は桐箱に収められている。この桐箱には『西蝦夷図巻』[11] も一緒に収められている。『西蝦夷図巻』にも作者や年代についての説明はないが、安政 3 年の佐倉藩蝦夷地調査の記録とされている[12]。『西蝦夷図巻』が佐倉藩士によるものだとすると、同じ桐箱に収められている『東蝦夷図巻』も佐倉藩関係の資料と考えることができる。佐倉藩士は安政 3 年にはクナシリ島、エトロフ島には赴いておらず、やはり、『東蝦夷図巻』は安政 4 年の第 2 次調査の際に描かれたものだろう。

表1　今村次郎橘『蝦夷日記』所収の書付一覧

	表題	年代	内容
1	蝦夷地ニ東西之差別有事	天明3（1783）	東西蝦夷地の鉱山
2	魯西亜人東蝦夷地江渡来年譜書付	文化2（1805）	明和2年から文化2年にかけての魯西亜人渡来年譜
3	安政四丁巳エトロフ島場所々之家数人別調	安政4（1857）	エトロフ島各地の家数、人別
4	被仰出書	安政？	切支丹宗門禁止や縁組についてなどアイヌに対する書付
5	申渡	安政？	異国船渡来や道橋普請など和人に対する書付
6	東蝦夷地エトロフ島場所明細記	―	エトロフ島各地の通行番屋、御制札掛場など諸施設
7	エトロフ島西海岸	―	エトロフ島西海岸の地名及び里数
8	東海岸	―	エトロフ島東海岸の地名及び里数
9	東蝦夷地エトロフ島文化度御領之節調記	文化8（1811）	エトロフ島各地の地理、産物、家数、人別など
10	蝦夷方言	―	日本語とアイヌ語の対比
11	クナシリ場所東西里数并川々所々小名漁場	―	クナシリ島各地の地理、産物、建物、漁場など
12	クナシリ島地名	安政4（1857）	クナシリ島の地名と日本語訳
13	〔エトロフ島場所明細〕	―	エトロフ島各地の蔵、小屋など諸施設（6の続きか）
14	文政八年未年東蝦夷地クナシリ島トマリ潤内江異国船渡来仕候ニ付打払并異国人取押候始末再調仕候趣申上候書付写	文政8（1825）	文政8年のゴローウニン事件に関する松前奉行役人奈佐瀬左衛門の書付
15	箱館詰并蝦夷地惣体御役人	辰（安政3？）	箱館奉行役人の勤番地と氏名、足軽、町名主名簿など
16	東蝦夷地エトロフ浅深大概	―	エトロフ島各地の海の深さ
17	寛政元年酉閏六月十六日クナシリ島騒動ニ付最初より之御届書	寛政元（1789）	クナシリ・メナシの戦いに関する松前志摩守から松平伊豆守への御届書など
18	クナシリ島騒動一件	寛政元（1789）	松前志摩守によるクナシリ・メナシの戦いの報告書
19	クナシリ島騒動徒党蝦夷人名前	寛政元（1789）	クナシリ・メナシの戦いにおける徒党アイヌの名前
20	クナシリメナシ死亡人名前生国覚書	寛政2？	クナシリ・メナシの戦いにおける死亡者の名前及び生国、助命の者の名前
21	松平越中守様江差出候魯西亜人御届書	寛政元（1789）	赤人に関する書付
22	松平越中守様江差出候飛騨屋一件御届書	寛政元（1789）	場所請負人飛騨屋久兵衛に関する書付
23	久世丹波守様根岸肥前守様江差出候クナシリ島騒動一件御尋ニ付御答其外書付写	寛政2（1790）	交易の仕法などクナシリ・メナシの戦いに関する幕府への返答書
24	松前市中家数人別	―	松前市中の町名及び人別
25	松前附東西之村々人別	文化4？	文化四年度の松前附村々の家数、人別
26	箱館市中町名	―	箱館市中町名一覧
27	函館附村々并六ヶ場所開発場并人別	―	箱館近辺の村々の家数、人別、反別
28	江差市中町名	―	江差市中町名一覧
29	江差附東西村々人別	―	江差附村々の家数、人別

（1）『蝦夷日記』より作成。
（2）史料の番号は『蝦夷日記』の掲載順に付した。
（3）？の年代は史料の内容等から推定。

２．安政４年の佐倉藩蝦夷地調査

（１）調査の目的

　安政元年(1854)の日米和親条約によって箱館開港が決定し、翌安政２年(1855)に箱館は開港した。同時期に日露和親条約も締結され、千島列島はエトロフ島・ウルップ島間を国境とし、カラフトは国境未確定とされた。このような状況に対応するため、幕府は蝦夷地を再び上知することを決定し、安政３年（1856）に松前藩から蝦夷地を引き継いだ。この直後に派遣されたのが、老中家臣による蝦夷地調査団である（表２、３）。安政期の老中家臣による蝦夷地調査を分析した濱口裕介は、その目的を「①上知直後の松前・蝦夷地の実情把握／②（幕府の）蝦夷地経営方針の検討および開

表２　第２次幕領期の老中家臣団蝦夷地調査

調査藩	藩主	所在地	調査年	調査地域	調査人数	調査記録
佐倉藩	堀田正睦	下総国	安政３年	松前地、東西蝦夷地	7人	協和私役 北遊随草 西蝦夷図巻
			安政４年	松前地、東西蝦夷地 カラフト クナシリ島、エトロフ島	8人	唐太紀行 北蝦夷帖 北遊随草 蝦夷日記 東蝦夷図巻
福山藩	阿部正弘	備後国	安政３年	松前地、東蝦夷地 クナシリ島、エトロフ島	5人	観国録 蝦夷紀行
			安政４年	松前地、西蝦夷地 カラフト	5人	遠斎蝦夷紀行
関宿藩	久世広周	下総国	安政４年	松前地、東西蝦夷地 カラフト	5人	東徹私筆 〔アイヌ人物画〕
長岡藩	牧野忠雅	越後国	安政４年	松前地、東西蝦夷地 カラフト	4人	罕有日記 北蝦夷地唐太廻島休泊記 蝦夷廻島録
村上藩	内藤信親	越後国	安政４年	松前地、東西蝦夷地 カラフト	5人	安政四年蝦夷紀行

（１）濱口裕介「安政年間における老中家臣の蝦夷地調査」『史友』第35号、39、41、51頁をもとにまとめた。
（２）調査記録は濱口論文（『史友』35号、41頁）より、記録、絵画を抜粋した。
（３）『観国録』は安政４年の調査記録も含む。
（４）安政３年と４年の『北遊随草』は別々の史料。
（５）〔　〕は函館市中央図書館による目録表題。

表３　調査団を派遣した老中一覧

老中	生没年	石高 （万石）	老中在任期間	他の役職 （調査時1856、57）
堀田正睦	1810〜1864	11	1841.2　〜1843.L9 1855.10〜1858.6	老中首座 勝手掛 外国事務取扱(1856.10〜)
阿部正弘	1819〜1857	11	1843.L9〜1857.9	勝手掛
久世広周	1819〜1864	5.8	1851.12〜1858.10 1860.L3〜1862.6	勝手掛（1857.7〜）
牧野忠雅	1799〜1858	7.4	1843.11〜1857.9	海防掛 朝鮮人来聘御用(1857.7〜)
内藤信親	1812〜1874	5	1853.9　〜1862.5	―

（１）『藩史大事典』、『対外関係史総合年表』、『三百藩藩主人名事典』をもとに作成。
（２）石高は小数点第２位以下は切り捨てた。
（３）在任期間の月は旧暦を用いた。Ｌは閏月を示す。

発計画の立案／③老中らがそれぞれの家臣を在住せしむことの是非と特質の検討」の3点に整理した[13]。以下、濱口の指摘をもとに佐倉藩第2次蝦夷地調査の目的を検討したい。

『蝦夷日記』には、第2次蝦夷地調査の目的についての言及はない。一方、カラフト方面を調査した須藤秀之助の記録『唐太紀行』[14]には、「公（堀田正睦）特命にて風土気候の違度より山川江河の形体、草木樹材の生殖、禽獣魚鼈の種類、金銀銅鉄の産物等其大概を認め、且人種の模様巨細に探り参るべきの事なり」とある。これは、濱口の指摘する①に即する。当時、蝦夷地上知や箱館開港、日露の国境交渉など蝦夷地の状況はめまぐるしく変化していた。老中はその職務を遂行するために家臣を派遣し、蝦夷地の信用できる情報を手に入れておきたかったのだろう。

藩主堀田正睦は調査で得た情報をもとに②の蝦夷地経営方針と開発計画を検討したと考えられる。ただ、③の家臣を在住させることを検討していたかどうかは見極めがたい。この蝦夷地調査は老中の務めを果たすために派遣されたもので、カラフトに家臣を在住させ、開拓しようとした大野藩の調査とは目的が異なることを指摘するだけにとどめておきたい。

したがって、第2次調査団は蝦夷地経営方針を検討するための実情把握を目的に調査にあたった。実情把握とはいっても佐倉藩は第1次調査で東西蝦夷地の実情はある程度把握できたはずである。それにもかかわらず、調査団を再度派遣したのは、第1次調査でカラフトやクナシリ島、エトロフ島を調査できなかったためである。いずれもロシアとの国境付近であり、海防の要となる場所である。第2次調査の目的はロシアとの国境付近の実状把握にあったといえる。

調査の性格についてもここで考えておきたい。濱口は佐倉藩の史料にたびたび現れる「御内用」の語から、「藩主の内々の用という意で、すなわちこの調査が幕府や藩の公的な活動ではなく非公式のものとして実施された」[15]とする。確かに蝦夷地調査は幕命による調査ではなかった。しかし、佐倉藩の藩政史料『年寄部屋日記』[16]に調査の記述が見受けられ、箱館奉行が調査団に先触を出していることを踏まえると、少なくとも佐倉藩においては藩の公的な活動であったと考えられる。

（2）派遣された調査員

佐倉藩の第2次蝦夷地調査には8名の調査員が派遣された。『蝦夷日記』2月28日条に須藤秀之助、佐波銀次郎、酒井勝蔵、島田丈助、三橋清一郎、今村治郎橘、長蔵、源吉の名前がある。この8名の役職・禄高をまとめたのが表4である。以下、佐倉藩家臣についての史料『分限帳』[17]と『保受録』[18]などの記載をもとにそれぞれの調査員について述べていきたい。藩士の役職・禄高についてはとくに断わらない限り『分限帳』、『保受録』による。

須藤秀之助は近習や手留方といった役職に就いており、藩主の側に仕えていた。天保14年（1843）には、江川太郎左衛門のもとで高嶋流砲術修行している。このほか、武衛流砲術、長沼流兵学も修行した。その成果もあってか、海岸防禦にあたっている陣の世話や兵制取調御用のために江戸から佐倉に来るようにたびたび命じられている。安政2年（1855）には大筒役、翌安政3年（1856）には軍事調役に任じられており、軍事関係に明るかったようだ。須藤は調査時34歳で、調査記録『樺太紀行』を著した。調査後の安政5年（1858）には、藩主堀田正睦が条約勅許を得るため上洛した際に同行している。翌安政6年（1859）には近習頭に任じられている。文久2年（1862）に、亡父

表４　安政４年佐倉藩蝦夷地調査参加者一覧

氏名	格（調査後）	役職（調査時）	禄高（調査時）	禄高（調査後）	所在	調査先
須藤秀之助	給人	御手留方	—	100石（1862）	江戸	カラフト
佐波銀次郎	御通掛	大筒方頭取	—	25俵３人扶持（1861）	江戸	カラフト
酒井勝蔵	御通掛	装束方、小勘定火用方	17俵２人扶持	18俵２人扶持（1864）	江戸	カラフト
源吉	—	中間	—	—	江戸	カラフト
島田丈助	御通掛	成徳書院勤番御徒目付仮役	19俵３人扶持	22俵３人扶持（1858）	佐倉	エトロフ
三橋清一郎	御通掛以下	成徳書院雑務	10俵２人扶持	12俵半２人扶持（1860）	佐倉	エトロフ
今村次郎橘	御通掛以下	町組	９俵半２人扶持	11俵半２人扶持（1861）	佐倉	エトロフ
長蔵	—	中間	—	—	佐倉	エトロフ

（１）『分限帳』（慶応年間）、『保授録』（文久年間）より作成。？は推定。

治郎左衛門の跡式100石を下し置かれ家督を継いだ。須藤は他の調査員と比べて重要な役職についている。また、『分限帳』に記載のある須藤、酒井、佐波、島田の４人で唯一「上ノ上」に収められている（他の三人は「下ノ上」）。調査時は家督相続前とはいえ、他の調査員として比べても別格の存在で、第２次調査団のリーダーといえる。

　佐波銀次郎[19]は調査員の中で唯一、第１次調査に参加している。第２次調査の際には、『北遊随草』[20]を著している。佐波は文政８年(1825)生まれ、調査時は数え年で33歳であった。嘉永６年(1853)から３年間、西洋学の修行をし、安政２年（1855）には大筒方頭取になっている。調査後の安政５年（1858）から２年間、西洋学修行のために老中脇坂安宅のもとに派遣された。佐波は須藤にも洋学者として認識されていた[21]。その後、文久２年（1862）には蕃書調所、翌文久３年（1863）には神奈川奉行に出仕している。

　酒井勝蔵は調査時、席装束方、火用方・小勘定兼帯で禄高は17俵２人扶持であった。調査後の安政５年（1858）に勝蔵から周蔵に改名、使番小頭を兼帯し、火用方御免となる。元治元年（1864）に18俵２人扶持に加増され、席小勘定勤方となっている。

　島田丈助は南岸（成徳書院猪鼻分校）、そののちに成徳書院（藩校）に勤めていた。成徳書院内の漢学を学ぶ温故堂で天保14年（1843）に都講、弘化２年（1845）に付教に任じられており[22]、漢学に長けていたことがわかる。調査時の禄高は19俵３人扶持であった。調査後の安政５年（1858）には、22俵３人扶持に加増され、席新番となっている。他のエトロフ調査団藩士の禄高と比較すると、島田はエトロフ調査団のリーダーといえる。

　三橋清一郎は成徳書院雑務をしており、調査時の禄高は10俵２人扶持であった。調査後の万延元年（1860）に12俵半２人扶持に加増され、役職は会所物書となっている。

　今村治郎橘は前述のように『蝦夷日記』及び『東蝦夷図巻』の作者である。調査時の禄高は９俵半２人扶持であった。弘化４年（1847）に「町組江御入人」を仰せ付けられており、町関係の勤めをしていたようだ。調査後は、文久元年（1861）に11俵半２人扶持に加増され、役職は会所物書となっている。三橋も調査後に会所物書になっており、今村と三橋の関わりは調査後も続いていたと想像できる。『蝦夷日記』には「金壱両絵具代酒井勝蔵ゟ受取」（２月23日条）、「宿小嶋松右衛門ゟ

屏風并扇面之画被頼」（4月13日条）といった記述があり、今村は絵師として調査に参加していたようである。

　長蔵と源吉は『蝦夷日記』2月28日条に、「御中間長蔵」、「江戸源吉」とある。2人とも武家奉公人であるため、『分限帳』、『保受録』に記載はない。源吉は江戸詰の中間ということだろう。

　以上が第2次調査に派遣された調査員の概要である。佐倉藩士の格は、「給人」「中小姓」「御通掛」「御通掛以下」の4つに分かれていた[23]。『分限帳』によると、須藤は「給人」、佐波、酒井、島田は「御通掛」、三橋、今村は「御通掛以下」である。『分限帳』は慶応年間の成立であり、唯一の「給人」であるリーダーの須藤も調査時は家督を相続していなかった。総じて、第2次調査団員の身分は高くなかったが、兵学者（須藤）、洋学者（佐波）、漢学者（島田）、絵師（今村）といった学識ある藩士で構成されていた。

　表4からは江戸詰の藩士がカラフト方面、佐倉詰の藩士がエトロフ方面に派遣されていることがわかる。カラフト方面に派遣された藩士には藩主側近の須藤がおり、他の藩士の禄高もエトロフ方面に派遣された藩士よりも若干高い。これは日露和親条約でカラフトの国境は未画定であり、国境が画定しているエトロフ方面よりもカラフト方面を重視したためであろう。

（3）調査の行程（図1、2）

　調査に先立ち、派遣する藩士へ蝦夷地調査の命が出された。

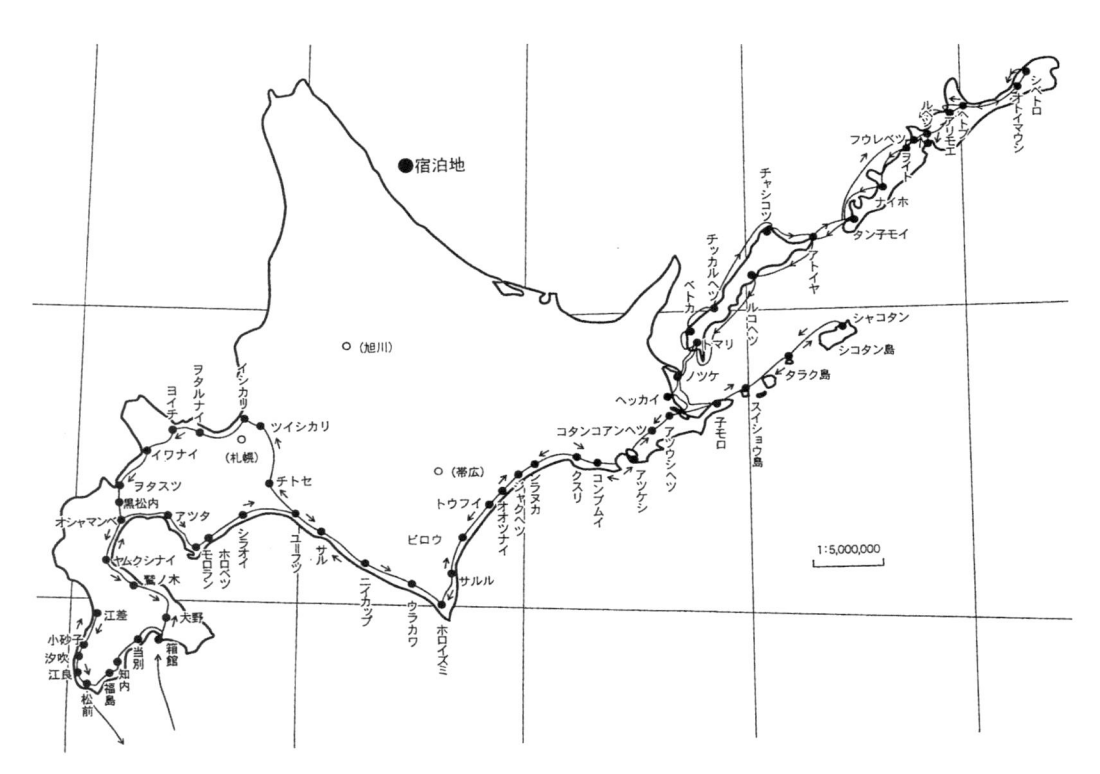

図1　調査行程図（北海道）〔本田克代・吉田千萬「史料紹介　佐倉藩士のクナシリ島・エトロフ島調査」所収〕

【史料１】

召連出　宇佐見磐六

召呼　　今村治郎橘

其方事御内用ニ而奥州辺江被差遣候、諸事須藤秀之助、島田丈助、佐波銀次郎江可承合候、

正月廿三日

右之通於町奉行役所同日夕七時頃被仰付候、[24]

今村は安政４年１月23日に呼出を受け、町奉行所で蝦夷地調査の命を受けた。調査の命を受けた今村は、２月19日に佐倉を出立し、翌20日に江戸に入った。江戸では渋谷や八丁堀の屋敷を訪れ、江戸詰の藩士と面会した。浅草や神田明神、増上寺などの名所も訪れている。

３月５日、江戸を出立し、奥州道中を北上して蝦夷地を目指した。調査団は４月１日に青森に到着し、しばらく逗留した。その後、青森から平館に移動し、８日に平館を出帆、箱館に到着した。このとき、箱館にはアメリカ船が来航していた。アメリカ人が箱館で買い物している様子を調査団は目撃している。『蝦夷日記』には箱館の産物や流通、寺社、遊女などについて記されている。箱館には10日ほど滞在し、18日に箱館を出立した。

箱館を出立した一行は、東海岸沿いに進んでいった。４月23日にヲシャマンベに到着し、ここでカラフト調査団と別れた。この先江戸に帰るまでカラフト調査団とエトロフ調査団は合流することはなかった。エトロフ調査団はその後も東海岸沿いに進んでいき、５月12日にアツケシ、18日にノッケに到着した。翌19日にノッケからクナシリ島に渡海した。クナシリ島の西海岸を船で北上し、閏５月７日にクナシリ島北端でエトロフ島への渡り口アトイヤに到着した。９日にエトロフ島へ渡り、タン子モイに到着した。エトロフ島を西海岸沿いに船や陸路で北上し、18日に北端近くのシベトロに到着した。翌19日には最北端のアトイヤに赴いた。その後、再びシベトロに戻り、そこから南下する。

６月１日、タン子モイに到着し、４日にクナシリ島へ渡った。往路は西海岸を北上したが、帰路は東海岸を南下し、トマリに戻ったのは14日であった。17日にトマリを出帆し、ノッケへ渡った。その後、

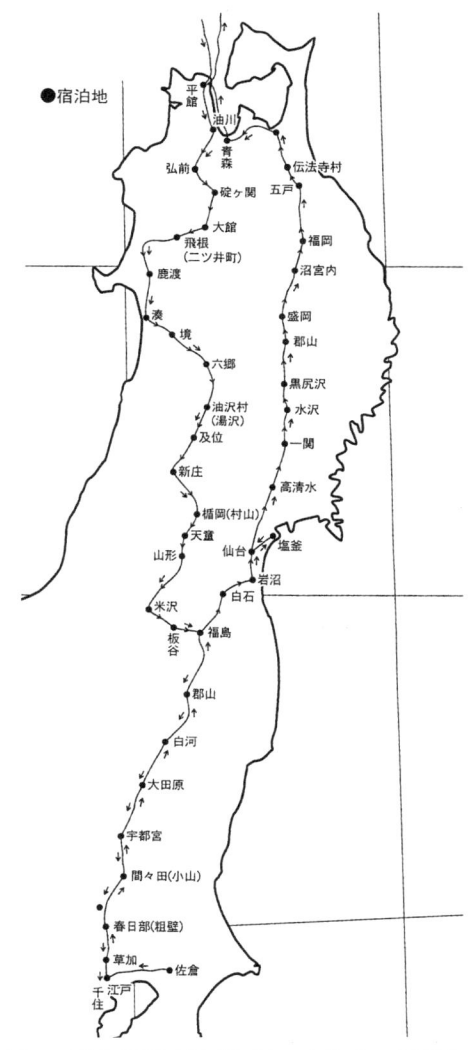

図２　調査行程図（本州）〔本田克代・吉田千萬「史料紹介　佐倉藩士のクナシリ島・エトロフ島調査」所収〕

子モロ（根室）に移動した。29日に子モロを出帆し、スイショウ島、タラク島、シコタン島を訪れ、7月6日、子モロに戻る。子モロからは行きの道のりを引返し、27日ユウフツまで戻る。ユウフツから、内陸部に入り、チトセ、ツイシカリを経由して日本海側に出た。しばらく日本海沿いを行き、再び内陸に入りヲシャマンベに出る。ヲシャマンベから箱館までは行きの道のりを逆にたどり、8月15日箱館に到着した。その後松前を経由して渡島半島日本海側の江差に25日到着した。27日に松前まで戻り、9月5日平館に渡った。9月6日に平館を出立したエトロフ調査団一行は、羽州道中を南下した。その後、再び奥州道中に入り、10月1日、千住に到着し、調査を終えた。

（4）今村の調査報告

　安政4年10月1日、今村は千住に到着したのち、上屋敷に赴き帰着の旨を届け出た。3日に「蝦夷地取調物」を島田丈助経由で提出した。4日にはカラフト調査団の須藤や佐波のもとを訪れた。おそらく調査の成果について語り合ったのだろう。6日に佐倉へ帰発の旨を仰せ付けられ[25]、8日に佐倉へ戻る。9日から3日間の休息を願い出て、12日より取り調べを行うとしている。取り調べとは、蝦夷地調査の報告を行うことだろう。このように今村は江戸と佐倉で2回報告している。『蝦夷日記』は10月8日で記載が終了しており、取り調べの様子については不明である。

3．調査団の交流
（1）他の老中家臣調査団との関係

　前述したように、安政4年にはすべての老中が蝦夷地に調査団を派遣している。同時期に派遣したため、他の老中家臣の調査団と面会することがあった。佐倉藩第2次調査団は関宿藩士（藩主久世広周）と福山藩士（藩主阿部正弘）に会っている。

　関宿藩士と始めて会ったのは3月29日、野辺地（現青森県野辺地町）で『蝦夷日記』には「今朝野辺地ニ而久世大和守様御家来旅宿江相尋ル」とある。調査団は野辺地から青森に移動したが、青森においても4月4日条に「今日久世大和守様御家来青木常之介、成石修介、小林恭助旅宿江入来ニ付、此方ゟも罷越」とあり、関宿藩士と面会している。翌五日に青森を出発する際には、「今朝出立掛ヶ大和守様御家来衆江先江出帆之趣申入ル」と関宿藩士に挨拶をしている。これから先の道中『蝦夷日記』に関宿藩士の記載はなかった。

　蝦夷地では福山藩士と会っている。箱館逗留中の4月11日条には、「阿部伊せ守御家来石川和介、吉沢五郎衛門、山本橘次郎、昨夜到着之由ニ而入来、此方ゟ罷越」とあり、昨夜箱館に到着した福山藩士を訪問している。エトロフ調査団はクナシリ島、エトロフ島からの帰路に福山藩士と再び会っている。その様子がわかる『蝦夷日記』7月27、28日条を引用する。

【史料2】

　　　　　　廿七日快晴

　（中略）

　一兼而出立之砌、手分ケニ而カラフト江罷越候面々北地見置相済、去ル七日チトセゟ当所（ユウフツ）江出止宿、翌八日シラヲイ江越候よし、当所ニ置手紙有之、

一着之節当所ゟ小休所迄出迎之者参り居り右之者咄シニ当月初旬ユウフツ江御止宿被成候堀田
様御家来衆シラヲイニ而御勤人有之、仙台家御医師御薬用ニ而御逗留之よし承り候ニ付、着
後早速支配人江相尋候処相至り不申、折節仙台家御足軽様之仁両人今宵当所止宿ニ相成、右
両人今朝シラヲイ出立之由ニ付支配人ゟ風聞相尋呉候処、両人申聞候者成程堀田様御家中之
内御病人有之未だシラヲイニ御逗留之御様子ニ有之旨被申聞、一同驚兎も角も明日相尋度候
ニ付当所ニ逗留之旨支配人江談、

　　　　　廿八日晴
一前条之事故今日壱日逗留いたし拙者当所ニ残り居、島田、三橋并草り取共三人何レも馬ニ而
シラヲイ迄見舞ニ罷越夕方罷帰り右病人者全く咄し違ひにて阿部様衆之内病人有之逗留いた
し居よし承り大安心、

　カラフト調査団はエトロフ調査団とヲシャマンベで分かれ、別々に調査していた。カラフトでの
調査が終わり、帰りの途中、ユウフツに止宿した際、エトロフ調査団への手紙を残す。エトロフ調
査団がユウフツに到着したのは7月27日で、カラフト調査団が手紙を残してから20日ほど経って
いる。ユウフツに止宿中の仙台藩士によると、佐倉藩士が病気のためシラヲイに逗留しているとい
う。翌日見舞いに向かったが、実は福山藩士であり、今村は安心している。実際にシラヲイにいた
のは福山藩士であるわけだから、見舞いに行った島田、三橋らは福山藩士と会っているはずである。
　以上のように、佐倉藩調査団は他藩の調査団と交流があった。蝦夷地調査では、他藩の調査団と
ある程度情報を共有していたといえるだろう。その一方で、各藩の調査団が情報を占有しようとし
ていた可能性も否定できない。

（2）東北諸藩との関係

　蝦夷地再上知に伴い、東北諸藩は蝦夷地警衛を命じられた。そのため、第2次調査時には東北諸
藩の藩士が蝦夷地に滞在していた。『蝦夷日記』4月21日条には「山越内ゟ先々仙台南部之御人数
逗留ニ而宿差支候趣当所役人ゟ申出無拠逗留いたす」とあり、仙台藩士、南部藩士が先にいるため、
鷲ノ木に逗留することになった。また、5月2日条には「昨夜大雨ニ而先之川支ニ付逗留、昼後仙
台御人数当所江着ニ而差支宿替」とあり、仙台藩士に宿を追い出される形になっている。調査団の
通行よりも仙台藩、盛岡藩（南部藩）の通行が優先された。これは、形式上は各藩の調査とされて
いた蝦夷地調査よりも、幕命により蝦夷地警衛をしている東北諸藩が優先されたためと考えられる。

（3）箱館奉行との関係

　第2次幕領期は箱館奉行が蝦夷地支配を担当していた。箱館奉行は安政3年7月に3人に増員さ
れ、箱館・江戸に各1名、もう1人は蝦夷地を廻浦する体制になった。安政4年の調査時は村垣範
正が箱館に詰めていた。
　佐倉藩第2次蝦夷地調査団は4月8日に箱館に到着し、夕方に奉行所に赴き、箱館到着の旨を届
け出ている。4月11日、須藤、佐波、島田は箱館奉行村垣と面会した[26]。4月16日には先触を渡された。
『蝦夷日記』の4月17日条には「蝦夷地被　仰出書」、「蝦夷地調役同並詰」、「蝦夷地惣躰被仰出之」

といった蝦夷地に関する書付の写しが記されている。これらは幕府の蝦夷地支配にかかわる史料であるため、箱館奉行所の役人から借りて写したと思われる。エトロフ調査団は8月15日再び箱館に戻り、箱館奉行へ到着の旨を届け出た。翌16日、エトロフ調査団のリーダー島田は村垣と面会し調査の様子を報告し、先触と添触を渡された[27]。箱館奉行は佐倉藩だけではなく他の老中家臣の蝦夷地調査団に対しても先触を出し調査の便宜を図っていた。箱館奉行にとって上司である老中の家臣は蔑ろにはできない存在であった。

（4）佐倉藩との関係

今村が佐倉を出立し、江戸に到着した際の『蝦夷日記』の記述には、「右（江戸到着の届け）御内御用掛り金子文蔵殿ニ差出候処、御勝手ニ可差出旨御差図ニ付吟味役月番留川宗左衛門殿ニ差出ス」とある。調査を終え江戸に帰着した10月1日条にも、「御上屋敷ニ着即刻吟味役月番神猪左衛門殿ニ届ル、御内御用掛り金子文蔵殿ニも罷越」とある。蝦夷地調査には「御内御用掛り」と「吟味役」が関わっていたようだ。ただし、実際に調査団の対応をしていたのは「吟味役」であった。往路の江戸到着の届けは「御内御用掛り」の金子文蔵に出そうとしたが、「御勝手」に出すよう指図を受け「吟味役」に提出した。調査後の江戸到着の届けも「吟味役」に提出している。

調査中における佐倉藩とやり取りは『蝦夷日記』を見る限り確認できなかった。『年寄部屋日記』の安政4年分においても調査中にやり取りしていた様子はうかがえない。

調査団は9月20日に山形城下を出立し、道中では「左りニ蔵王山右之山根ニ柏倉御陣屋を見」ている。この「柏倉御陣屋」は出羽国村山郡佐倉藩領の支配の拠点となる陣屋である[28]。その後、吉原村（現山形市）入口の「北山形南佐倉領」という堺杭を過ぎ、佐倉藩領に入った。しかし、陣屋の見える距離にいて、佐倉藩領に足を踏み入れているにもかかわらず、陣屋に立ち寄ることはなかった。『蝦夷日記』の詳細な記述を考えると、立寄ったけれど日記に記さなかったというのは考えにくい。

以上のように、調査中の佐倉藩とのやり取りが確認できなかったことから、調査団は現地での行動を一任されており、リーダーの須藤や島田には相応の裁量権が与えられていたと考えられる。

4．調査団の通行と費用
（1）荷物

調査団は様々な荷物を持って現地に赴いたはずである。ただし、調査団は荷物を調査中ずっと持ち運んでいたわけではなかった。3月14日は仙台に荷物を預けてから塩釜に向かっている。箱館に着いた際は沖之口役所で荷物の改めを受けているが、このときは荷物を沖之口役所に置いて、箱館奉行所に赴き到着の旨を届け出た。「荷物等者沖ノ口ニ而改を受人足ニ而旅宿ニ持運」（4月8日条）とあるように、荷物は改めが終わったのち、人足に旅宿（小島屋）まで運ばせている。箱館を出立する際は、小島屋に荷物を預け、「帰之節も宿いたし呉候様相頼置」いている（4月17日条）。クナシリ島、エトロフ島からの帰路、日本海側のヨイチからイワナイにかけては、荷物だけ別に船で運んだ。その結果、イワナイで荷物待ちのため2日間逗留することになった。調査団は8月15日に再

び箱館の小島屋に戻ってくる。「荷物不用之分船廻しニいたし候積り、小林重吉_江相頼荷物_者江戸鉄砲洲栖原角兵衛方迄相廻し呉候積り」（８月16日条）とあり、不要な荷物は船で江戸に廻そうとしていたことがわかる。調査団は負担になる荷物をできるだけ減らしたいと考えていた。

『蝦夷日記』にみられる具体的な荷物としては鉄砲がある。調査団は行き帰りともに中田宿を通る際に鉄砲証文を提出し、改めを受けている。

【史料３】

一往之節中田御関所_江差出し候証文左之通、

　　　　　覚

一鉄砲　弐挺

　　但四匁五分玉

右_者主人用向ニ而従江戸奥州并蝦夷地迄相越候ニ付鉄砲取持仕候者　御関所無相違被成御通可被下、若此鉄砲ニ而自分以後出入も出来候ハ丶、拙者申訳可奉為後日仍如件、

　　　　　　　　　　　　　御名□

安政四丁巳年三月　　　　　　　＿＿＿＿＿印

　　　　　　　　　　　　　＿＿＿＿＿印

　　　　　　　　　　　　　＿＿＿＿＿印

房川渡

中田御関所御当番衆中

（中略）

帰之節差出候手形左之通、

　　　　　覚

一鉄砲　弐挺

　　但四匁五分玉

右_者当三月中主人用向ニ而従江戸奥州松前并蝦夷地迄相越候ニ付鉄砲所持仕候者　御関所被成御通被下候処彼地用向相済、此度江戸表_江罷帰候間右鉄砲所持仕候、猶又候者　御関所無相違被成御通被下候、若此鉄砲ニ而自分以後出入も出来候ハ丶、拙者申訳可奉為後日仍如件、

　　　　　　　　　　　　　御名□

安政四丁巳年九月　　　　　　　島田丈助印

房川渡し

中田御関所御当番衆中

右往返共改之節鉄砲筒口_江印肉を付帳面_江押又当人印形を取置事也、[29]

史料の前半が往路の鉄砲証文、後半が帰路の鉄砲証文の写しである。改めの際、筒口に印肉をつけて、印鑑のように帳面に押し当てていた。これらの写しから、調査団は鉄砲を２挺所持していたことがわかる。行きと帰りで鉄砲の数が同じ点には注意しておきたい。往路は３月６日に中田宿で、証文を差出し鉄砲改めを受けた。このとき調査団は８人である。帰路は９月29日に改めを受けた。このときはエトロフ調査団の４人のみである。８人から４人に人数が減ったのに鉄砲の数が同じな

のはなぜか。まず考えられるのは、カラフト調査団が鉄砲を所持していなかったということである。しかし、鈴木忠は須藤の『樺太紀行』からカラフト調査団の装備を分析し、カラフト調査団が「狙撃銃」と「拳銃」を所持していたことを明らかにしている[30]。『蝦夷日記』には鉄砲使用に関する記述はなく、実際に使用したのか不明である。一方、カラフト調査団は熊から身を守るために弾込めして寝たり、鷲に対して発砲したりと鉄砲を実際に使用していた[31]。したがって、カラフト調査団が往路に鉄砲を所持していないことは否定される。往路の証文はエトロフ調査団のみの証文で、カラフト調査団は別の証文を提出していたと考えるのが妥当であろう。

（2）宿泊場所と移動手段

調査団の宿泊場所は『蝦夷日記』によると本州では、不明な場所も多いが、主に旅籠屋や本陣に宿泊していた。ただし、3月22日郡山(現岩手県紫波郡紫波町)では旅籠屋がなく酒店に泊まっている。このような対応ができたのは少人数の調査団であったからだろう。蝦夷地においても、箱館や松前近辺では旅籠屋や本陣に宿泊していた。箱館や松前近辺より奥地では、運上屋や番屋に宿泊している。歯舞群島のスイショウ島、タラク島では船中泊であった。

調査団は主に馬と船で移動した。馬は先触で用意させてあり、各所で継ぎ立てされた。船に乗ったのは主に津軽海峡渡海時と奥蝦夷地においてであった。海路は陸路よりも天候の影響を受けやすい。クナシリ島、エトロフ島の調査は5月19日から6月17日までの58日間だが、そのうち風や波など悪天候により逗留した日は、一度出帆したが悪天候のため引返した日を含めると25日間にも及ぶ。また、歯舞群島への渡り口の子モロ（根室）にも8日間逗留しているが、そのうち6日間は風待ちの逗留であった。このように、船での移動は天候に大きく左右され、何日も逗留することがあった。それでもクナシリ島やエトロフ島を船で廻ったのは、「当地（クナシリ島）ニ至りて者続而乗船ニ而山道者あれとも東西地之往返横切候迄ニ而其道小笹深く殊ニ熊多く難所」（5月24日条）といわれていたからである。つまり、道があることにはあるが難所であるため、船の方が移動しやすかったのである。

（3）調査費用

調査費用については『蝦夷日記』10月8日条に記述がある。

【史料4】

　　一此度御内御用被仰付御貸被下候調、

　　　一御中間壱人

　　　一轡手綱共三懸　但三人ニ而

　　　一乗布団三枚　　但右同断

　　右其外道中御手当往之節、津軽青森迄路用金弐拾五両用心金三拾両、箱館ゟ先々蝦夷地之分入

　　　用為替ニ而百両箱館ニ而受取、

蝦夷地調査の道中の手当として155両用意されていた。江戸を出るときには55両所持し、残りの100両は為替を用い、箱館で手配したようである。これは往路と蝦夷地での手当で帰路の手当につ

いては記されていない。あるいは、帰路の手当も箱館での100両に含まれるのだろうか。中間1人であることと、轡手綱が3人分であることを踏まえると、この費用は今村の属するエトロフ調査団のみの費用で、中間は長蔵であろう。この予算に対して、実際の支出は記載がなく不明である。

前述した鉄砲証文も往路であるにも関わらず、エトロフ調査団のみのものであった。エトロフ調査団とカラフト調査団は江戸からヲシャマンベまで一緒に行動していたが、予算や荷物は独立していた。エトロフ調査団が全員佐倉在番の藩士、カラフト調査団が全員江戸詰の藩士であることにも注目すると、同じ佐倉藩の調査であっても、別々の調査と認識されていた可能性もある。

5．幕末期クナシリ島・エトロフ島のアイヌ

（1）『蝦夷日記』のアイヌ呼称

『蝦夷日記』ではアイヌの呼称に「アイノ」、「夷人」、「蝦夷人」、「土人」、「村方」が用いられている（表5）。菊池勇夫はアイヌの「土人」呼称は幕末期に始まり、これをアイヌ内国民化の志向の表れと指摘する。また、アイヌの「土人」呼称開始によりその語義が、土地に土着する人々から、未開で野蛮な人々という今日的な語義へと変質したという[32]。安政3年5月21日、箱館奉行竹内保徳はアイヌを蝦夷人ではなく、役土人または平土人と呼ぶように命じている[33]。『蝦夷日記』では数種類のアイヌ呼称が用いられているので、これによ

表5
『蝦夷日記』のアイヌ呼称

呼称	回数
アイノ	3
蝦夷人	2
夷人	29
土人	50
村方	19

（1）『蝦夷日記』より作成。

って直ちにアイヌ呼称が変わったわけではなく、「夷人」呼称も用いられていたと考えられる。アイヌ呼称の使い分けは今村によるものではなく、現地で聞いた呼称をそのまま記録したのだろう。第2次調査時は「土人」呼称の普及過程にあったといえる。また、今村は「土人」という語を本州でも使用している[34]。この「土人」はアイヌではなく、その土地に土着している人々という語義であろう。「村方」はエトロフ島におけるアイヌの呼称である。『蝦夷日記』においては、エトロフ島以外での使用例はなかった。

（2）エトロフ調査団とアイヌ

第4節で述べたように、クナシリ島、エトロフ島廻島の手段は主に船であった。船での移動は天候に左右され、数日間にわたる逗留も何度か見受けられる。クナシリ島アトイヤにおいては悪天候のため8日間逗留している。その8日目、6月12日条には「昼後当所土人日和山ニ而イナヲを上ケ又カムイ呑をいたし出帆之日和を願ふ」とある。

史料中の「カムイ呑」は、神への祈りの意であり[35]、アイヌが調査団のために天候回復を祈っている様子が記されている。『蝦夷日記』にはこのほか、「アトイヤを乗出し壱之塩江懸し時、水主とも皆酒を呑、是をカモイ呑と云」（閏5月9日条）、「水主共酒を出しカモイ呑を両度いたし、番人案内之者迄皆山ニ向ひて海上安全を祈る」（閏5月12日条）といった記述がある。「イナヲ」は「イナウ」とも表記し、樹木を刃物で削ることによって、薄く軽い房飾りのように加工した祭具である[36]。

閏5月10日、調査団は危うく破船する危機に見舞われた。

【史料5】

　　一今昼食事後、雨も止ミ風順も宜敷旨ニ而西海岸通り壱里半斗乗出し、追々風者静シニ沖ゟ波
　　　高く成、途も不乗切引返し候内次第ニ波荒くなりタン子モイゟ半り斗先之大石原江吹附られ
　　　船中屋形之上迄波をかむり水主共色を失ひ騒立梶抔取外シ綱を附て流シすてに危キ処、タン
　　　子モイ番やニ而難船之様子見受候ニ付土人等七八人并番人等追々駈付、土人海中ニ入りて船
　　　之際迄参り候ニ付、舟ゟ直ニ飛付被背負て漸々上陸タン子モイ江立戻る、[37]

　この日はエトロフ島タン子モイを出立したが、途中で引き返している。しかし、波が荒く破船し
そうになっていた。その様子を番屋から見ていたアイヌや番人が駈け付け、アイヌは海中に入り、
調査団を救出している。

　『蝦夷日記』には、クナシリ島のアイヌ語地名と日本語の意味を記した「クナシリ島地名」が収
められている。その末尾には、「右者船頭并土人等江尋て記置」とあり、調査団はアイヌからも情報
を得ていた。

　このように、調査にアイヌは協力的であり、情報源としてもアイヌの存在は欠かせなかった。た
だし、アイヌの協力に対し報酬として金銭、物品授受があったかどうかは『蝦夷日記』からは確認
できない。

（3）軽物

　軽物とは鷲羽、熊皮、熊胆、ラッコ皮などの総称である。『蝦夷日記』にはクナシリ島とエトロ
フ島において軽物の記述がある。まずはクナシリ島での鷲の羽の採り方に関する5月24日条の記述
を見てみよう。

【史料6】

　　一当地東地ニ而軽物鷲を取るニ海岸岩陰江小屋を懸ケ土人此内ニ居て脇之岩上江餌を置、鷲下り
　　　候を火箸位之鉄を曲て鍵ニシ柳之枝抔ニ而六尺位之柄を付、小屋ゟ鷲之足を懸ケたぐり寄セ
　　　取押直ニ生羽を取るといふ、軽物者十月ゟ十二月迄猟す、此間同心場所江出役、

　クナシリ島では鷲を生け捕りにして羽を採っていた。菊池勇夫は同様の捕獲法を数例紹介してお
り、当時の鷲の捕獲法として一般的であったと考えられる[38]。次にエトロフ島での軽物の記述を閏
5月25日条から見てみよう。

【史料7】

　　一当島軽物猟者役村方名前ニ而納め候定猟虎皮上之品壱枚ニ而あたひ弐拾五俵位、中壱枚ニ付米
　　　拾五六俵位、下七八俵位也、平土人見付候而も役村方名前ニいたし相納、右あたい之内三分
　　　位役村方ニ而取るといふ、右各俵入実八升也、
　　一鷲之羽は十羽を以壱羽と云、又壱羽を壱尻と云、上壱尻は七百五拾文、中三百八拾文、下百
　　　八拾文之定メ、

　エトロフ島では軽物を「役村方」の名前で納めていた。「平土人」が捕らえた軽物でも「役村方」
の名前で納め、その価格の3割は「役村方」の持ち分となった。鷲の羽の数え方は、1羽（把）＝
10尻＝120本（または140本）である[39]。したがって、10羽（尻）＝1羽（把）と考えることができる。

（４）エトロフ島の人口減少

　エトロフ島の人口は寛政12年（1800）に1118人であったが[40]、調査時の安政４年（1857）には496人まで減少していた[41]。その原因について菊池勇夫は「アイヌ社会の暮らし、労働環境がエトロフ開島で大きく変えられ、これによる社会的なストレスが人口減少の原因であった」と主張している[42]。エトロフ島役村方宛の「被仰出書」（『蝦夷日記』所収）には、土地の繁昌に関する記述がある。

【史料８】

　　　　　被仰出書

　（中略）

　一村々之もの共銘々住居いたし場所限り縁組いたし仕来ニ候、就年頃不相当之者有之不宜候、
　　以来外場所よりも勝手次第縁組いたし男女共独身之者無之様役村方共厚世話いたし土地繁
　　昌ニ及候様可致事、

　（中略）

　一死人あれハ其家を焼払、他ニ移候ならハしニ而其場所不繁昌之基ニ付、以来共仕来を改永住
　　いたし候様心懸可申事、

　一他場所と違ひ当場所者村方風俗相改居候事故女子も髪を切り口之廻り手首ニ致入墨候儀強而
　　好み不申ものハ相止メ可申候、此後出生之男女共右之趣ニ心得すへし、御国之風俗ニならひ
　　成人いたさせ候ハヽ、往々仕合可相成事、

　　右之条々役村方共会得致小前之者迄不洩様可申諭事、

「被仰出書」は、安政２年（1855）７月、箱館奉行が幕府に提出した「夷人諭書案」[43]と一致する内容が多い。しかし、「他場所と違ひ当場所者」とエトロフ島に限定する内容も見られるので「被仰出書」は「夷人諭書案」をエトロフ島向けに編集したものであろう。

　箱館奉行は人口減少の原因をアイヌの風習と考えていたようだ。人口減少の原因として妥当かどうかはともかく、『蝦夷日記』から、箱館奉行はこのようなアイヌの風習を改めることで、エトロフ島を「繁昌」させることを目指していたといえる。

６．幕末期奥蝦夷地の海防体制

（１）烽火台

　『蝦夷日記』や『東蝦夷図巻』には烽火台についての記述がある。まずは、『蝦夷日記』５月19日条における記述を見てみよう。

【史料９】

　　　　　十九日曇

　一今朝五時頃辰巳風ニ而ノツケ出帆、船者前日之船ニ而水主案内人等同し、四拾丁程磯ニ寄る、
　　乗出し出岬江烽火台あり、土人等木巻と云、薪を四方三間位ニ積置、是ハ異船渡来等之節ク
　　ナシリ江合図ニ取建置事也、此所ゟ北ニ向候てクナシリ島トマリ江乗切ル、海中所々ニ流レ
　　早き場あり、波随分荒らくなれとも渡り近ケレハ格別難所と者あらす、無程クナシリ左り出
　　岬ハノツイトウ烽火台あり、ノツケと対する所也、右之出岬者ケラムイといふ、トマリ運上

　　　　屋脇止宿所_江八ツ時頃着泊り、ノッケ_ぷ当所迄五里之渡海也、（以下略）

　この日はノッケからクナシリ島のトマリに渡った。渡海時に調査団は烽火台を見かけている。【史料9】からは、ノツケ、ノツイトウに烽火台があること、ノツケの烽火台の大きさは3間（約5.4m）四方であることがわかる。

　次に『東蝦夷図巻』の記述を「クナシリ島西浦トヌカルウシ」から見てみよう。

【史料10】

　クナシリ嶌西浦トヌカルウシ

　烽火薹　「ノッケ」ヨリクナシリ島エ
　　　　渡海ノ図

　　ノツエト岬ヲ廻リテ「トヌカルウシ」也、烽火薹ヲ土俗木巻と云フ榑木（クレ）ヲ九尺四方高ニ積上ケ四方ノ下ノ方ニ火門アリ焼付ヲ入置ク、此処ヨリ未ノ方子モロ領「ノッケ」マテ海上三里「ノッケ」ニ烽火薹アリ、此処ノ烽火ト相図ヲ相為ス、

　【史料10】からは、ノッケ、ノツエト岬のトヌカルウシに烽火台があること、トヌカルウシの烽火台の大きさは9尺（約2.7m）四方であることがわかる。

　烽火台の存在自体は地名辞典に記述がある[44]。烽火台の設置時期は本田・吉田が指摘するようにクナシリ・メナシの戦い（寛政元年）の直後だろう[45]。この戦いののち、寛政2年（1790）4月、松前藩が今後の政策を示した「蝦夷地改正」の一項目に「一　外国の儀も有之候間、以来は別て武備専要に申付、万一急変の儀も有之候節は、兼て烽火を所々に築置、早速注進有之候様に為取計申候」[46]とあり、烽火台設置を言及している。

　ノツエトはノツイトともいい[47]、ノツイトウ＝ノツエトと考えて良いだろう。したがって『蝦夷日記』と『東蝦夷図巻』が示す烽火台は同一のものである（図3）。この2か所に烽火台設置された理由としては、海防上重要な地点であったためであろう。それに加えて、両烽火台間が海峡になっている点にも注目したい。クナシリ島で非常事態が発生したとしても、海が荒れていれば船で知らせに行くことはできない。そのため、この2か所に烽火台を設置したのではないか。

　文化8年（1811）、ゴローウニンがクナシリ島トマリに来航した際には、「ケラムイ崎近異船壱艘走入候付、（中略）兼_而被仰出候通、ネモロ地_江合図ノ烽火を揚げ」[48]とあり、烽火台が実際に使用されていたことがわかる。烽火台はクナシリ・メナシの戦い直後に設置され、実際に使用されながら約70年間維持されてきた。

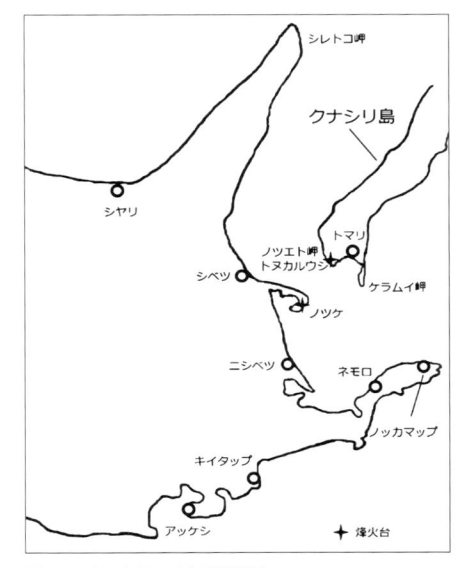

図3　烽火台の位置関係

（2）見張小屋

　エトロフ島に烽火台はなかったようだが、見張小屋があった。『蝦夷日記』の見張小屋についての記述をまとめたのが表6である。表6から、アイヌが2人ず

つ、３月15日から９月15日まで見張小屋に派遣されていること、トシラリ、ミクシ、トシモエの３か所に見張小屋があることがわかる。

　文化８年（1811）の「東蝦夷地エトロフ島文化度御領之節調記」（『蝦夷日記』所収）にも見張小屋の記述がある。「東蝦夷地エトロフ島大概書」（1811、『東蝦夷地各場所様子大概書』[49]所収）と一致する内容が多いが、見張小屋については記述が異なる(表７)。この史料によると、「蝦夷人男女三人」（トシモイ）、「遠見番之蝦夷人八九郎家内召連罷越」（リヤウシ）とあり、文化期には男性だけではなく、女性も見張小屋にいた。「常ニ住居す草小屋」とあり、派遣されていた半年間は草小屋に常住して見張りをしていたようだ。ルベツからトシモイ、マヽイからリヤウシへそれぞれアイヌが派遣されている。

表６　『蝦夷日記』の見張小屋記述

日付	見張小屋記述
閏５月19日	トシラリ海中岩弐ヶ所あり、見張小屋あり、三月十五日ゟ九月十五日迄土人弐人ツヽ詰て遠見之役を勤ると云、
閏５月19日	是（アトイヤ）より先ミクシ江二里と云、前方見張小屋ありし所と云、
閏５月24日	東浦トシモエ見張小家ニ出、此草小屋江者年々三月十五日ゟ九月十五日迄遠見之為土人を遣し置事、東浦トシモエ見張小家ニ出、此草小屋江者年々三月十五日ゟ九月十五日迄遠見之為土人を遣し置事、

（１）『蝦夷日記』より作成

表７　「東蝦夷地エトロフ島文化度御料之節調記の見張小屋記述

東蝦夷地エトロフ島文化度御料之節調記	東蝦夷地エトロフ島大概書
一チツプシヘツ 此處者北者ノトロ東者チロツプノホリ辺迄大洋見通し之所によりて、春秋之間者村方ゟ見張之者詰る草小屋有、	チツプフンベツ 此所北はノトロ東はチロツプノホリ辺迄大洋見通し之所に依て、夏秋の間は南部家より見張番の者詰める草小屋あり、
一トシモイ イソヤゟ船路五里程、此處以前者蝦夷人住居、今者西浦江引移村方なし、此所江西浦ルベツゟ遠見番之蝦夷人男女三人相越し、常ニ住居す艸小屋あり、	一トシモイ　イソヤより船路五里程、 此所已前は蝦夷人住居あり、今は西浦え引越村方なし、
一リヤウシ ロコウゟ陸路六里程、船路三里程あり、此處者薪沢山ニ而其上寒気凌方宜故、タン子モイゟ越年ニ来ル者もあるといふ、爰ゟタン子モイ江船路凡十里程、此所江西浦マヽイゟ遠見番之蝦夷人八九郎家内召連罷越、常ニ住居す草小屋有、タン子モイゟ陸路山越三里、蝦夷道あれとも平道ニして宜シ、	一リヤウシ　ロコウより陸路六里程也、 此所は薪沢山にて其上寒気凌方宜故、タン子モイの者内越年に来る者もありという、爰よりタン子モイえ船路凡十里程と云、

（１）『蝦夷日記』、「東蝦夷地エトロフ島大概書」より作成。
（２）下線は引用者による。

　次に『東蝦夷図巻』の記述を見てみよう（表８）。『東蝦夷図巻』には、リヤウシ、チエフンベ[50]、トシラリの３か所で見張小屋に関する記述がある。シベトロからトシラリへアイヌが派遣されていた。「エトロフ嶌トシラリ」を見ると見張小屋以外何もなく、見張りのためだけに派遣されたようだ。菊池勇夫は、『文政午年蝦夷地恵戸呂府返地目録写』から、文化４年以降のエトロフ島

表8　『東蝦夷図巻』の見張小屋記述

表題	見張小屋記述
エトロフ嶋タン子モイ（「坤」）	東浦見張番家「リヤウシ」エ山越道アリ凡二里程、
エトロフ嶋フウレベツ会所（「坤」）	（フウレベツ）会所元ヨリ山越一里余ニシテ「チエフンベ」ト云所ヘ出ル、小休所見張番小家アリ、
エトロフ嶋トシラリ（「坤」）	村方見張番小家一軒アリ、「シベトロ」ヨリ村方両人出張、

（1）『東蝦夷図巻』より作成。

には5か所の「見張番」があり、3月から9月までアイヌが近海を監視していたことを明らかにした[51]。

『蝦夷日記』、『東蝦夷図巻』によると、安政4年にはエトロフ島に少なくとも5か所の見張小屋が存在する（図4）。これまでもアイヌが見張る体制は指摘されていたが、これらの史料から、この体制が文化年間から安政年間にわたって存在していたことが明らかになった。チツフシヘツ（チエフンベ）、トシモイ、リヤウシでは文化期から継続して見張が行われていたと考えられる。このように、アイヌが海防体制に組み込まれている点は注目すべきであろう。

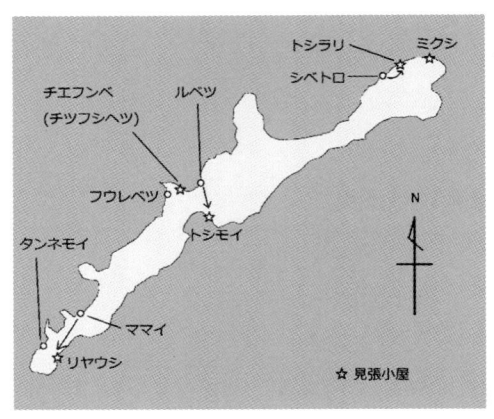

図4　エトロフ島見張小屋分布図

おわりに

　以上6節にわたって、佐倉藩第2次蝦夷地調査とクナシリ島、エトロフ島の実態について考察してきた。その内容を2点に整理しておきたい。1点目は佐倉藩第2次蝦夷地調査に関する点である。第2次蝦夷地調査は日露国境付近の実情把握を目的としていた。この調査は幕命ではなく、藩による公的な調査であった。派遣された調査員の身分は総じて高くはなかったが、兵学者、洋学者、漢学者、絵師といった学識ある面々で構成されていた。調査中は他藩の調査団と交流しており、調査で得た情報を全てではないにしろ、ある程度は共有していたと思われる。2点目は奥蝦夷地に関する点である。アイヌは調査団に協力的であった。根室海峡間の烽火台はクナシリ・メナシの戦いののちに設置され、実際に使用されながら幕末期まで維持されてきた。エトロフ島の見張小屋ではアイヌが見張りをしており、幕末期の海防体制にアイヌが組み込まれている様子が明らかになった。調査記録に書かれている内容は、幕末期蝦夷地の実態を知る上で重要な役割を果たす。『蝦夷日記』や『東蝦夷図巻』は北方史研究においても価値の高い史料である。

　本稿では調査自体の分析、考察に重点を置いて論じた。そのため、この調査の位置づけや調査に至る経緯などについての考察は不十分である。佐倉藩蝦夷地調査についてもエトロフ調査団の史料を分析したのみで、全体像を把握するには至っていない。以上を今後の課題としたい。

注

1　奥蝦夷地は蝦夷地のうち松前から遠い地域をさす（川上淳『近世後期の奥蝦夷地史と日露関係』北海道出版企画センター、2011年、14頁）。

2　濱口裕介「安政年間における老中家臣の蝦夷地調査」『史友』第35号、2003年。

3　札幌市教育委員会編『新札幌市史』第１巻通史１、1989年。

4　佐倉市史編さん事務局「佐倉藩士の蝦夷地調査関係史料」『佐倉市史研究』第11号、1997年。

5　本田克代・吉田千萬「史料紹介　佐倉藩士のクナシリ島・エトロフ島調査」『北海道の歴史と文化』北海道出版企画センター、2006年。

6　佐倉市に寄託されている『蝦夷日記』原本をみると、その表紙には「安政丁巳四年　旅日記　今村」とある。「蝦夷日記」は内題であるが、先行研究では「蝦夷日記」を史料名としているため、本稿においても「蝦夷日記」を史料名とする。

7　北海道大学附属図書館所蔵（旧記1550）。

8　寛政元（1789）年に起こったクナシリ・メナシの戦いの鎮圧に協力したアイヌを描いた『夷酋列像』には白いヒグマが描かれている（『夷酋列像　蝦夷地イメージを巡る人・物・世界』（北海道博物館開館記念特別展図録、2015年、164頁）。

9　北海道大学附属図書館所蔵（軸物176、177）。

10　前掲注（５）本田・吉田論文、『北海道の歴史と文化』254頁。

11　北海道大学附属図書館所蔵（図類1070、1071）。「図巻」とあるが、形態は折本である。『東蝦夷図巻』と同じ1935年12月10日に所蔵となっており、両図巻の北海道帝国大学附属図書館の資料番号は連続する。北海道帝国大学附属図書館所蔵となるまでの経緯は不明であるが、以前から両図巻がセットになっていた可能性が高い。

12　前掲注（３）『新札幌市史』676頁。

13　前掲注（２）濱口論文、『史友』第35号、57頁。

14　成田山仏教図書館所蔵。北海道大学附属図書館にマイクロフィルム紙焼本が所蔵されている（旧記1548）。『唐太紀行』の内容やその考察については、濱口裕介「須藤秀之助『唐太紀行』─佐倉藩士のカラフト調査記録を読む─」（『佐倉市史研究』第17号、2004年）を参照。

15　前掲注（２）濱口論文、『史友』第35号、40頁。

16　『下総佐倉藩堀田家文書』雄松堂フィルム出版、1988年、リール番号192。

17　公益財団法人日産厚生会佐倉厚生園病院所蔵。現在佐倉市に寄託されている（資料番号C1〜C4）。成立年代は慶応年間。『分限帳』は「上ノ上」、「上ノ下」、「下ノ上」、「下ノ下」の４冊構成である。

18　前掲注（16）『下総佐倉藩堀田家文書』所収（リール番号14〜43）。『保受録』には寛政年間に編纂された『保受録』と、寛政年間から文久年間までをまとめた『保受録』がある。後者は『保受録家老以下新番格迄』14冊と『保受録徒以下末々迄』３冊の計17冊からなる（土佐博文「史料解題」佐倉市総務部行政管理課佐倉市史編さん担当編『保受録徒以下末々迄』2003年、iii頁）。『保受録徒以下末々迄』のみ翻刻、出版されている。

19　佐波については鈴木忠『佐波銀次郎の生涯』（佐倉歴史顕彰会、1991年）も参考にした。

20　北海道大学附属図書館にマイクロフィルム紙焼本が所蔵されている（旧記1545（１））。佐波は第１次調査の記録も残している（『北遊随草』北海道大学附属図書館、旧記1545（２））。

21　須藤秀之助『唐太紀行』の序文には同行者として「洋学者佐波銀次郎」とある。

22　佐倉市史編さん委員会編『佐倉市史』巻２、佐倉市、1973年、899頁。温故堂の師範の序列は教授、付教、都講、正授読であった（同、894頁）。

23　木村礎ほか編『藩史大事典』第２巻、雄山閣、1989年、467頁。

24　『蝦夷日記』冒頭。『保受録』の三橋清一郎の項にも「御内用ニ而奥州辺江被差遣、諸事須藤秀之助、佐波銀次郎、嶋田丈助江可承合候」とある（前掲注（16）『保受録徒以下末々迄』、301頁）。

25　三橋清一郎も10月６日に帰発の旨を仰せ付けられており、江戸到着後も今村とともに行動していたと思われる（前掲注（18）『保受録徒以下末々迄』、301頁）。

26　「村垣淡路守公務日記」大日本古文書『幕末外国関係文書』附録４、446頁。

27　同上、725〜726頁。

28　佐倉藩の石高は11万石で、その内訳は城付領６万石、出羽国村山郡４万石、関東諸国の散在所領１万石であっ

　　た（木村礎・高木俊輔「佐倉藩」『国史大辞典』第六巻、吉川弘文館、1985年、328〜329頁）。

29　『蝦夷日記』9月29日条。

30　前掲注（19）鈴木著書、35頁。

31　同上。

32　菊池勇夫「幕府統治下のアイヌ『帰俗』政策」（同『幕藩体制と蝦夷地』雄山閣出版、1984年、初出1982年、原題「外圧と同化主義」）。

33　維新史料編纂事務局『維新史料綱要』巻2（目黒書店、1937年）199頁。

34　『蝦夷日記』3月20日条には「土人等男女共雪袴着ス」とある。この日は一ノ関から水沢にいたる道のりであり、この近辺の風習について記している。

35　萱野茂『萱野茂のアイヌ語辞典』三省堂、1996年、199頁。

36　北原次郎太『アイヌの祭具イナウの研究』北海道大学出版会、2014年、iv頁。

37　『蝦夷日記』閏5月10日条。

38　菊池勇夫「鷲羽と北方貿易」同編『アイヌと松前の政治文化論―境界と民族』（校倉書房、2013年、初出1994年）355頁。

39　同上、363頁。

40　『近藤重蔵蝦夷地関係史料』第2巻、東京大学史料編纂所、1986年、224頁。

41　「安政四丁巳年エトロフ島場所々々家数人別調」（『蝦夷日記』所収）。

42　菊池勇夫『エトロフ島　つくられた国境』吉川弘文館、1999年、191頁。

43　大日本古文書『幕末外国関係文書』第12巻、127〜130頁。

44　『北海道の地名』日本歴史地名体系1、平凡社、2003年、1555,1581頁。

45　前掲注（5）本田・吉田論文、『北海道の歴史と文化』256,257頁。

46　『新北海道史』第7巻、491頁。

47　前掲注（44）『北海道の地名』、1581頁。

48　『通航一覧』第7巻、復刻版、鳳文書館、1991年、382頁。同様の記述が「文政八年未年東蝦夷地クナシリ島トマリ澗内江異国船渡来仕候ニ付打払并異国人取押候始末再調仕候趣申上候書付写」（『蝦夷日記』所収)にも見られる。

49　文化年間に東蝦夷地各場所の地理、産物、家数、人別などを記した史料（『新北海道史』第7巻史料1、所収）。

50　「東蝦夷地エトロフ島文化度御領之節調記」には、「フウレベツゟルベツ迄陸路海岸ᵃ ノトロ岬と二里余之出岬あるによりて壱里余山越してチツフウヘツ」とある。したがって、チエフンベとチツフシヘツは同じ場所と考えてよいだろう。

51　前掲注（42）菊池著書、137頁。

〔付記〕
　本稿は、明治大学文学部に2016年1月提出した卒業論文「『蝦夷日記』にみる佐倉藩蝦夷地調査と奥蝦夷地の実態」を再構成したものです。卒業論文の執筆にあたっては、明治大学文学部の野尻泰弘先生に大変お世話になりました。心より感謝申し上げます。北海道大学大学院文学研究科の谷本晃久先生は、私が入学直後であるにもかかわらず、2016年5月の北海道・東北史研究会例会において報告する機会を与えてくださいました。報告では多くの方々から貴重な意見を賜りました。この場を借りてお礼申し上げます。

（さかもと・ひろき／東京都立小平南高等学校）

【論文】

田中義一内閣と北海道第二期拓殖計画
—北海道政治の二大政党化—

井上　敬介

序

　本論は田中義一内閣期（1927年4月〜1929年7月）における北海道第二期拓殖計画（以下、本論では「第二期拓計」と呼ぶ）改訂問題を中心に立憲政友会北海道支部の動向を検討することで[1]、普通選挙下における政党政治家の政治行動の一端を考察するとともに[2]、北海道拓殖政策が二大政党間の党争に包摂されたことを明らかにすることを目的としている[3]。その結果、北海道政治が国策の一部としての北海道拓殖政策を中心に動いていた[4]のではなく、二大政党を中心に動いていたことが明らかになるだろう。

　1925年、第一次加藤高明護憲三派内閣は選挙法改正によって普通選挙法を導入し、北海道選出代議士の定数は16人から20人へと増加した。護憲三派内閣以降、日本の政党政治は政友会の一党優位政党制から二大政党制に移行し、政友会単独だった北海道拓殖政策の政治主体は、政友会と憲政会に二分された。第二期拓計策定中の1926年12月、北海道選出政友会代議士の東武が「本道出身の代議士は勿論、道民挙つて此問題を提唱し、政党政派を超越して、計画の完璧を期し、拓殖の大業を遺漏なく達成」することを主張しているように[5]、二大政党の北海道支部は第二期拓計の財源に公債を適用させるべく、同計画を政争の外に置いて共闘した。だが、憲政会政権の緊縮政策の下で公債発行を絶たれ、財源の保障を欠く第二期拓計が完成し、政友会支部は憲政会支部に対する排撃に転じた[6]。1927年4月の田中政友会内閣の成立と同年6月の立憲民政党の結党にともない、北海道政治の二大政党化がはじまった[7]。北海道拓殖政策を党争の外に置き、民政党支部と提携することは政友会支部にとって、最も現実的な路線だった。

　しかし、田中内閣成立を機に、政友会支部は北海道政治の二大政党化に逆行し、原敬内閣時代のような政友会一党支配への回帰を企図する。護憲三派内閣時代の1925年6月から、政友会支部は策定中の第二期拓計案を田中政友会の「産業立国」の一方策として位置付けていた[8]。憲政会単独政権時代の同年10月16日、野党の政友会の北海道拓殖計画特別委員会が可決した「北海道拓殖計画案」は、第一に「産業立国の基調は人口の調節、食糧の増殖を講ずるを以て其主要政策と為さざるべからず。就中北海道第二次拓殖計画の樹立は我帝国の国策なりと信ず」を掲げている[9]。同年12月14日の政友会支部大会（約3,000名を動員）において、田中総裁は「爰に吾が北海道の拓殖の如き重大なる国策の一つであるが、同時に海外発展に対つて吾国民は充分に考へねばならぬ」と演説している[10]。田中総裁の演説において、北海道拓殖政策は満州移民と並ぶ重大国策とされている[11]。以上のことは、政友会支部に対して、田中政友会の「産業立国」政策への過剰期待を抱かせるに十分だ

った。田中内閣成立を機に、政友会支部は公債発行を基軸とする第二期拓計改訂案を選挙に利用し、北海道政治から民政党の影響力を排除しようとする。

　しかし、土川信男氏が指摘したように、1928年２月の第１回普通選挙を機に、田中内閣の政治姿勢は「産業立国」政策からイデオロギー政策に重点を置くものに変化していった。さらに、三土忠造蔵相は金解禁のために財政緊縮を必要としており[12]、田中内閣には第二期拓計に公債を適する余裕がなくなっていた。第１章で検討するように、北海道における民政党の選挙地盤は強固なものであり、政友会支部は北海道政治における政友会の絶対優位が崩壊したことを悟る。同年10月、北海道拓殖政策に消極的な田中内閣に造反した政友会支部は支部解散を決定し、新党の結党を試みる。雑誌『道民』（1929年３月号）は「寧ろ本道の両党支部なるものは、国策的に重大とする本道の第二期拓殖の建て直しと、それの期成を使命と自任するならば、党内にあつて本部又は政府に、利用されつつ利用するの差引損失なるに鑑み、決然党外に脱出して両党支部の選良が結束し、その数二十名ともなつたことならば、今日の政界に於ては議会政治に於ては、少数党と雖も却つて逆に大政党を利用し、本道の拓殖を完成し得るの捷徑があるべきではないか。一層進んで東北の選良と本道の選良との結束は、利害相同じうする本道との密接関係より、それの可能性を見出されるものとするから、かくして四五十名の北方党を組織したならば、更に有力有効なものと測度される」と述べている[13]。二大政党の北海道支部が「一衣帯水」の東北選出代士と合流する「北方党」は、二大政党化に逆行する政界再編成構想である。だが、第２章で検討するように、政友会支部は変節し、この試みは挫折する。

　第二期拓計改訂問題を軸に、政友会支部の一党支配回帰路線と北方党路線の破綻を検討することによって、田中内閣期における北海道政治の二大政党化が明らかになるだろう。

第１章　北海道第二期拓殖計画改訂問題と一党支配回帰路線

　本章では1927年４月の田中内閣の成立から、北海道政治において政友会が民政党に対して相対的優位を確立させる1928年９月までを考察の対象とする。

第１節　第二期拓計改訂案と田中首相

　田中内閣成立に端を発する政友会の党派人事は、北海道庁長官にも及んだ。４月30日、憲政会系の中川健蔵長官が更迭され、政友会系福岡県知事の沢田牛麿[14]が後任となった。沢田長官は「現政府は産業立国の大旗を掲げて大に帝国産業の隆興を図ると声明しているが、此積極的政策に依て我北海道も恵まれるといふこと丈けは想像するに難くない」と公言していた[15]。７月、沢田長官は第二期拓計改訂案を内務省に要求し、鈴木喜三郎内相の承認を得た[16]。沢田案の骨子は「昭和三年度以降、十三ヶ年間に亘り、次の年割を以て拓殖事業公債を発行すること」にあり、昭和15年度までに「一億二千六百八〇万円」の公債発行が予定された。「公債財源に依り、繰上べき事業は拓殖促進上、最も急用にと認むる」項目として、「港湾」、「道路」、「私設鉄道」、「造田奨励」、「原野開墾」、「移民奨励」、「河川」を挙げている[17]。特に、港湾・道路・私設鉄道の三項目は、政友会の積極政策と緊密な関係を持っている。10月３日、政友会支部大会は小川平吉鉄相と本部特派員の堀切善兵

衛総務、来会者3,000名を迎え、札幌劇場において開催された。大会宣言は「然るに第二期拓殖計画の策定に際し、吾人は積極的対策を策して内外に奔走したるも、前内閣と之が与党の消極低調の見に阻まれて遂に大本の確立を見るに至らず。其所謂拓殖計画なるもの徒らに枝葉を剪裁し、末節を粉飾して一目を欺瞞せるのみ」、宣言は「果せる哉、実施一年ならずして早く既に大破綻を生じ、其計画せる所、殆んど画餅に帰せんとす。更に之を改訂して確固遠大の計を樹つるは実に吾党の任たらずんばあらず」と主張している[18]。政友会支部は来る第1回普通選挙に備えるため、財源面に欠陥をもつ第二期拓計の責をすべて憲政会政権に押し付ける一方で第二期拓計改訂を積極的に訴えた。以上のことは、北海道における政友会の党勢拡張の思惑と一体の関係にあった[19]。

　だが、10月8日の沢田長官との会談の際、三土忠造蔵相は公債発行を骨子とする沢田案に難色を示した[20]。12日、木下成太郎支部長、松実喜代太、岡田伊太郎、板谷順助ら代議士、寺田省帰支部顧問役会長、中島義一支部顧問、持田謹也支部顧問、田中清輔支部幹事長、近藤豊吉、東条貢、伊藤八郎、林儀作ら道議が上京し、在京の東武農林政務次官、黒住成章司法参与官、三井徳宝支部顧問らと呼応し、「日夜殆と寝食を忘れて策動」を行った[21]。14日に東は小川鉄相、板谷は三土蔵相を訪問し、沢田案貫徹を要求した。さらに、木下支部長を中心とする10余名の有志会合は、沢田案支持と総務会招集を申し合わせた[22]。他方、24日の大蔵省議は「北海道拓殖計画の必要なるは、之を認むるも公債の増発に依ることは認められぬ」ことを内定した[23]。26日、政友会支部上京委員は東と黒住とともに、鈴木内相、山本悌二郎農相、中橋徳五郎商相と会談した。28日の政友会緊急総務会において、木下支部長は「吾党は既に党議にて決定し、之れを道民に公約し居るのである」、「若し今に至つて事業公債案にして葬られるならば、吾々は帰道出来ざるのみならず、北海道に於ける吾党の勢力は一変するものと諒知して貰ひたい」と主張し、高橋光威総務は与党が「政府を敏達して実現を期する」ことを確約している[24]。木下は第二期拓計改訂が実現せず、普通選挙において政友会の勢力が後退する事態を避けようとしていた。すなわち、木下は普通選挙下における有権者の視線を強く意識していた。

　11月1日、大蔵省は内務省の新規予算要求の中にあった第二期拓計への公債適用を削除し、沢田案は骨抜きにされた[25]。沢田長官と連携した鈴木内相は[26]、11日の閣議において沢田案貫徹を主張したが、三土蔵相に阻まれた。これに対して、政友会支部上京委員は閣議前後において、田中首相に対して2度の陳情を行った[27]。この時、田中は東に対して「北海道を拓殖省に移管してここに完全無欠な拓殖計画を樹立せしめ以て拓殖の開発を期する腹で、これは未だ他の閣僚にも話さんでいるが、斯ういふ決心でいるのだから宜しく伝へて貰ひたい」と語ったという[28]。翌12日、沢田案を見送った田中首相は、将来において第二期拓計の「根本方策」を樹立するという声明を発表した[29]。同日正午、首相官邸に集結した松実、板谷、持田らは「道民に対する責任上処決するの外なし」と脱党姿勢を示した[30]。政友会支部上京委員は植木屋旅館に会合し、第一案として「北海道拓殖事業を普通行政と分離し、拓殖務省の所管に移し、以て、北海道拓殖事業局を設け、積極的に事業の遂行を期すること」、第二案として「内務省の所管たるは従来の儘とするも北海道拓殖事業を独立会計の組織に改め、以て、積極的に事業の遂行を期すること」、第三案として「在来の歳入超過額主義に依る時は、昭和四年度より既定計画を改訂し、積極的事業の遂行を期すること、前項第二、

第三の場合に於ては事業公債を起し、財源繰上げ確定支出として計画遂行上、常に移動なきを期することを掲げた。14日、東、木下、黒住の3代議士は田中首相に対して3案のいずれかを実現させるよう迫った。田中首相は「自分一個の考へでは拓殖務省移管として特別会計に移す腹ではあるが、之等を発表するには閣議にはからねばならぬ」と答えた上で、昭和4年度における沢田案の実行を確約した[31]。

　これまで検討してきた田中首相の好意的な言質は閣議決定や党議決定ではなく、田中首相個人の約束にすぎなかった[32]。しかし、政友会支部は田中首相を後ろ盾に、第二期拓計改訂案を掲げ、選挙による民政党支部の打倒をはかる。すなわち、一党支配回帰路線を選択するのである。

第2節　北海道における第1回普通選挙と二大政党

　田中首相の口約を背景に、政友会支部は1928年2月、第16回総選挙（第1回普通選挙）に臨んだ。第15回総選挙において憲政会に敗北した政友会支部は、捲土重来を期していた。民政党は1月23日に支部会、政友会は24日に支部幹部会を開催し、選挙準備を開始した。なお、政友会支部は選挙対策のため、寺田省帰を委員長に、持田謹也と田中清輔を副委員長に任命した[33]。政友会支部の中で地方政治家が選挙対策を担っていることがわかる。北海道における第16回総選挙の当選者は【表1】の通りである。

選挙区	選出地域	当選代議士名	
第一区	札幌・小樽市、石狩・後志支庁	中西六三郎（民・5）	山本厚三（民・3）
		森正則（政・1）	岡田伊太郎（政・3）
第二区	旭川市、上川・宗谷・留萌支庁	東武（政・6）	林路一（政・1）
		坂東幸太郎（民・2）	浅川浩（民・3）
第三区	函館市、桧山・渡島支庁	平出喜三郎（民・4）	黒住成章（政・3）
		佐々木平次郎（政・4）	
第四区	室蘭市、空知・胆振・浦河支庁	板谷順助（政・2）	松実喜代太（政・3）
		岡本幹輔（民・2）	檀野礼助（中・1）
		神部為蔵（民・2）	
第五区	釧路市、河西・釧路・根室・網走支庁	木下成太郎（政・3）	三井徳宝（政・1）
		小池仁郎（民・5）	前田政八（民・1）

【表1】第16回総選挙における北海道の当選代議士
「普選第一回の総選挙結果」『政友』（328号）1928年、15、16頁、宮川隆義編『歴代国会議員経歴要覧』政治広報センター、1990年から作成。「政」は政友会、「民」は民政党、「中」は中立、数字は当選回数を指す。当選順位の順に表記した。

　第四区において中立で立候補した日魯漁業専務の檀野を除き、政友会と民政党の候補者が当選しており、北海道政治における二大政党化は決定的となった。政友会の10議席に対して民政党は九議席を獲得しており、政友会の薄氷の勝利である。換言すると、民政党の選挙地盤の強固さを示す結果となった。『北海タイムス』から民政党の当選者の内訳をみると、北海道における普通選挙が都市部を地盤とする候補者に有利に作用したことがわかる[34]。17,501票の中西は9,028票を札幌

市、12,395票の山本は9,592票を小樽市、11,854票の坂東は4,537票を旭川市、15,870票の平出は9,141票を函館市、8,256票の岡本は4,900票を室蘭市、8,610票を獲得した前田は3,347票を釧路市において獲得している[35]。

　野党でありながらも善戦した民政党だったが、最大の誤算は全道一の激戦区だった第一区における一柳支部長の落選だった。札幌市に強固な選挙地盤をもつ一柳だったが、江別町を地盤とし、札幌市にも積極的な遊説活動をおこなった岡田に敗れた[36]。7,456票を獲得した一柳は唯一の地盤の札幌市において4,361票を獲得したが、9,898票の岡田に2,104票を奪われている[37]。この背景には、一柳の「財政の危機」という緊縮政策[38]よりも、政友会の積極政策を背景とする岡田が札幌市の有権者に支持されたこともあっただろう[39]。2月9日、政友会支部は水野錬太郎文相を迎え、全道各地代表役員懇談会を札幌市公会堂に開催し、3,500人を動員した。この時、木下支部長は「経済維新である現内閣は先に憲政会内閣が消極退嬰のあとをうけて」成立したと演説している[40]。こうした政友会支部による積極政策の高唱が岡田の当選に寄与した可能性は高い。2議席を分け合ったとは言え、道中心部の第一区は政友会の実質的な勝利だろう。

　道北部の第二区も二大政党が2議席を分け合っているが、民政党は坂東と浅川の2名に候補者を限定させることで、政友会の近藤豊吉を落選させるという成果を挙げている。だが、18,520票を獲得した東は、市部、郡部双方に強固な選挙地盤を形成していた。東の旭川市における獲得票数は1,833票と坂東に及ばないが、名寄町で851票、増毛町で848票を獲得するなど、郡部において他候補を圧倒している[41]。第二区は普選熱の高い地域である。例えば、増毛町における東の演説会には「吹雪にも拘らず、聴衆八百余名」を集めている[42]。天塩町周辺における伐木事業組合は総選挙当日の一斉休山による新有権者600名の権利の行使を要求し、羽幌町の青年有志は「絶対中立の立場」から「羽幌棄権防止同盟会」を結成し、宣伝文書、演説会、ポスターを通して棄権防止を呼びかけている[43]。なお、天塩町と羽幌町では東と浅川が票を分け合った[44]。

　道南部の第三区では、政友会が民政党に対して2対1で勝利をおさめている。民政党では、前田卯之助が遅れて公認された北林吃郎に反発し、結局、北林は大差で落選している[45]。民政党支部が候補者の調整に失敗したこともあり、同区は「全道随一の無風地帯」と評され[46]、政友会の圧勝に終わっている。このことは、黒住と佐々木の選挙地盤が函館市だったことと関係している。12,832票を獲得した佐々木は函館市において9,176票を獲得しており[47]、同市は政友会の票田であったと言える。なお、黒住は7月17日に病死し、トップ当選の平出は27日に政友会に復党する[48]。

　道央部の第四区は第一区と並ぶ激戦区であり、二大政党が2議席を分け合っている。政友会が3候補の擁立に限定したことに対して、民政党は5候補を擁立している。五位で当選した神部は「味方候補濫立の為、激烈な同士討ちを演じたために反対党に乗ぜられ、苦戦に苦戦を重ね、屡々窮地に瀕」したと語っている[49]。特に、当選確実とみなされていた手代木隆吉前代議士の落選は民政党にとって痛手だった。7,231票の手代木は苫小牧町において853票を獲得したが、当選した岡本に749票を奪われている[50]。手代木は同志討ちの犠牲者だろう。中立の檀野は政友系であり[51]、第四区は第一区と同様に政友会の勝利とみなすことができる。

　前回の第15回総選挙において落選した木下政友会支部長がトップ当選を果たした道東部の第五

区では、二大政党が2議席を分け合っている。政友会から初めて立候補した三井を支持する本別村の戊辰倶楽部は、積極政策と理想選挙を掲げ、農村を巡歴した[52]。民政党では、野付牛町の千葉兵蔵が網走町の野坂良吉との地盤対立から、支部の公認を得ずに立候補しようとした。千葉を支持する小池は「公認一点張り」を批判し、一柳支部長に抗議した。立候補を断念した千葉は小池の応援にまわり、野付牛町の票を小池に奪われた野坂は僅差の次点で落選した。政友会では、木下支部長が候補者の乱立を避けるために網走町の東条貞の公認に反対した。東条は公認されたが、野付牛町の前田駒次とともに落選している[53]。この結果、北見方面の代議士は姿を消した[54]。

　なお、開票以前の北海道では他の地域にはない天候という不確定要素があった。寒冷地の北海道、特に郡部では2月20日という厳冬の開票日ゆえに大吹雪にともなう棄権者の増加が危惧されていた[55]。現に、各候補は吹雪と降雪の中での選挙戦を余儀なくされていた[56]。だが、投票日は天候にめぐまれ、棄権率は4割という戦前の予想を大きく下回り、2割6分に止まっている[57]。

　普選導入にともなって飛躍的に増大した北海道の有権者[58]に対して、政友会支部は「積極政策の政友会」と「消極政策の民政党」という対立点を訴えた。多くの新有権者は、前者が第二期拓計の飛躍的進展をもたらす可能性を期待する一方で、後者が政権党時代に不完全な第二期拓計を策定したというイメージを植え付けられたのではないだろうか。第二区においてトップ当選をはたした東は選挙戦の最中において「憲政会内閣の消極緊縮一点張り」を批判し、田中内閣が「積極進取主義を以て進み、現に本道拓計案に対しては欠陥を補填し、積極加味の改訂案」を提示したことを誇っている[59]。また、第五区から初当選をはたした三井は、総選挙後、「我党将来の積極政策に基づき、第二拓殖計画案の大改訂を行ひ、其財源の確立を計つて直に年次計画の実行に努力する」と述べている[60]。以上のことは、政友会支部が民政党打倒の手段として第二期拓計改訂案を選挙の道具に利用していたことを示している。しかし、政友会は民政党に対して相対的優位に立つ北海道選出代議士数を確保したにすぎず、一党支配回帰路線の観点からみれば、大きな失敗であった。

　政友会支部は総選挙における勝利と引き換えに、民政党支部との提携断絶という代償を支払うことになった。北海道もまた、鈴木内相を中心とする田中内閣の選挙干渉から無縁ではなかったからである。選挙対策を目的とした1927年11月24日の民政党支部長会議において、一柳支部長は安達謙蔵総務に対して「北海道では道庁内に高等課の別室を設け、政友会の選挙準備と見られる行為をなし、民政党の候補者と予想される者に尾行を附している」ことを報告している[61]。総選挙後、民政党の横山勝太郎と高木益太郎は「鈴木前内相及山岡前警保局長外、地方長官に対する第二回怪文書に基づく衆議院議員選挙法違反の件」について立件した。「地方長官」の中には沢田長官の名が含まれていた[62]。横山が入手した「第二怪文書」によると、沢田長官は内務省に対して「援助せば当選し得べき見込の者左の通」という暗号電報を報告したという。この電報には「一区、岡田伊太郎、民政一柳、中西候補の為め地盤を蠶蝕せらるるに依り、両候補の勢力を牽制し、反面鉄道関係有力者に手を廻し、且つ費用を応援せば当選し得べし」という注目すべき記述がみられる[63]。北海道における民政党の選挙違反は事件数にして政友会の約七倍、人員数にして10倍半となっている[64]。選挙違反区の第一位は17件の第一区、第二位は15件の第四区であり、1桁代だった他の選挙区を圧倒している[65]。田中内閣の選挙干渉が両選挙区における政友会の僅差の勝利に寄与した可能性は高

い。

　しかし、政友会支部は同年８月の道議選においても第二期拓計改訂案を掲げて民政党打倒を企図し、一党支配回帰路線は継続される。

第３節　普通選挙法下における第９回道議選と二大政党

　普通選挙法下において初となる北海道会議員選挙（第９回道議選）は、1928年８月10日に実施された。政友会支部は、木下支部長を中心に選挙準備を開始した[66]。７月22日、一般有権者に対する政策宣伝を目的とする政友会支部臨時総会は、札幌市公会堂において東北大会と同時に開催された。総会宣言は「多年本道拓発の急を高唱し、第二期拓殖計画策定の期に方りては、積極的対策を立てて之を朝野に致し、力を傾け、心を砕きたりと雖も前内閣と之が与党は徒に消極姑息を事とし、糊塗百端僅に砂上に楼閣を築き以て得たりと為せるのみ」、「吾人亦一致結束、現内閣を支持して我党の使命たる積極政策の登場に努め」ることを主張している。決議事項には「北海道拓殖計画を改訂して、新に積極的規画を立て、前初若干期間は事業公債の発行に依り、後年の収入を繰上げ、使用する途を開き以て財源を確保し、拓殖上、所要施設の速成を期す」ことが明記された[67]。政友会支部は第二期拓計を憲政会政権による消極政策の産物とする一方で、田中内閣の積極政策による第二期拓計改訂を約束した。政友会支部は一党支配回帰路線を堅持していたが、沢田案の後ろ盾となっていた「産業立国」政策の重要性は田中内閣において低下していた。第１回普通選挙を機に、田中内閣が「産業立国」政策からイデオロギー政策への戦略転換を行ったからである[68]。道議選の時期には沢田案の実現可能性が極めて低下していたが、政友会支部はこのことを認識せず、沢田案を掲げて民政党支部と対峙した。道議選の結果は【表２】の通りである。

市部・群部	獲得議席数	市部・群部	獲得議席数
札幌市	民（２）・中（１）	旭川市	政（１）
函館市	政（２）・民（２）	室蘭市	政（１）
小樽市	政（１）・民（２）	釧路市	民（１）
石狩支庁	政（２）・民（１）	宗谷支庁	政（１）・民（１）
渡島支庁	政（１）・民（２）・中（１）	網走支庁	政（３）・民（２）
桧山支庁	政（１）・中（１）	胆振支庁	政（１）・民（１）
後志支庁	政（２）・民（２）	日高支庁	民（１）
空知支庁	政（２）・民（４）・中（２）	十勝支庁	政（２）・中（１）
上川支庁	政（５）・民（１）	釧路国支庁	政（１）
留萌支庁	政（１）・民（１）	根室支庁	政（１）

【表２】
第９期道会議員選挙
当選者
「政」は政友会、「民」は民政党、「中」は中立、数字は獲得議席数を指す。北海道議会事務局編『北海道議会史』（第三巻）北海道議会事務局、1962年、２～９頁より作成。

　第９期道議選は、27議席を獲得した政友会が24議席の民政党に対して勝利をおさめた。中立は６議席（一人は政友会に近い中西六三郎系）である。同選挙において有権者は前回選挙から４倍に増加し、各候補は言論戦に重点を置くようになった[69]。選挙後、一柳民政党支部長が「道会分野は政民両派二五の半々、中立七と最初から自信していたのであるが、上川の番狂せが敗亡の直接原因になつた訳だ。上川は少なくとも三対三の割合に落着くものと思つていたのにアーならうとは実に意

外であつた。東君の働きがあつたといふものだろう」と語っているように[70]、上川支庁における政友会の大勝は、道議戦における勝利に直結したのである。

　道議選において上川支庁は定員6名のところに13名が立候補し、全道一の激戦地となった。上川支庁管内の町村において第二の票田であった名寄町から政友会候補として選出された太田鉄太郎は民政党候補の水上政治（現職）の前に苦戦していた[71]。太田を強力に支援したのが名寄町を衆議院選挙の地盤の一つとする代議士の東武であった[72]。道議選直前、東は上川全域における応援演説に奔走した[73]。最終的に、上川支庁における道議選は、政友会四議席、民政党一議席という政友会の大勝という結果になった。2,589票を獲得した太田も水上（2,201票で落選）を破り、5位で当選している[74]。太田は名寄町において1,018票を獲得し、690票の水上を圧倒している[75]。これは、上川支庁における東の影響力の一端だろう。

　他方、留萌支庁においては、東ら政友会の積極政策の限界が露呈された。7月10日の民政党系の『小樽新聞』は「一万四千の有権者を包容する留萌支庁管内は由来、政友会の金城湯池と目せられているほど、牢固とした政友万能の地盤である。殊に東武氏が十数年来、延々、五十余里にわたる天塩沿岸を唯一の根拠地として港湾漁港の築設、沿岸鉄道の速成、漁政の確立等、いはゆる鳴り物入れの我党政策をふり廻し、質朴敦厚な選挙民をあやつりながら、根強く植えつけた勢力は蓋し偉大なものである」、「普選の今日に至つては急転直下、同地方の政情も殆ど一変して民政派は日に日に頭をもたげ、政友派は漸次凋落の傾きがある」と報じている[76]。増毛町においては政民両派が選考委員37名を挙げ、民政党の小谷木常祐の出馬を決定した。民政系革新倶楽部が小谷木を強力に支援しており[77]、民政党が増毛町への影響力を強めていることがわかる。他方、同町では政友会の積極政策を期待する東の支持勢力も根強かった。29日の政友会系の『北海タイムス』によると、増毛町では政友会の漁業家の近藤永助を中心に「従来、増毛町は東政務次官を中心に政友会に幾多の恩顧を蒙り居るのみならず、将来、漁村振興の計画、積極主義の政策に共鳴せざるべからざる多くの問題がある。斯うした見地から積極進取の政策に反対する候補を擁立する訳に行かぬ」と小谷木擁立に対して強硬に反対したという[78]。道議選直前の8月6日、東は「増毛町の結束を根底から覆へすべく」、増毛公会堂において、自身の腹心だった政友会候補の高橋文平の応援演説をおこなった。だが、「聴衆わづかに六十名位で極めて寂寥たるものがあつた」ため、東は8日と9日に留萌町と羽幌町で行う予定であった高橋の応援演説会を中止して旭川市にむかっている[79]。結果的に、小谷木は高橋を抑えてトップ当選をはたした（高橋は2位当選）。留萌町では119票に対して317票、増毛町では259票に対して870票、羽幌町では10票に対して131票を獲得しているように、小谷木が高橋を圧倒している[80]。このことは、民政党が従来の政友会の選挙地盤を浸食していたことの一例であろう[81]。

　小谷木の当選は、政友会支部が掲げる第二期拓計改訂案の実現可能性を否定した民政党の選挙戦略と関係しているように思われる。7月21日、道庁長官の経験をもつ俵孫一民政党総務は、道議選の同党本部代表[82]として応援演説に訪れた函館市において、「拓計にしても、一昨年、我党内閣時代の計画をその儘踏襲することになつている。公債政策で事業を繰上げんとしているが、政友会の借金政策は既に行き詰つて実行出来ない状態にあり」、「道民諸君もこの政府によつて北海道拓殖計

画遂行を期待することの不可能なるものである事はよく知つている。この場合の道議選に当つて政府及び与党は何を宣伝しても信頼されないことは勿論である」と述べている[83]。川崎克民政党党務委員長も、26日の札幌市における民政党主催の「時局批評演説会」において「公債を以て財源とすることは大蔵大臣既に否定している地租委譲の看板と同様、諸君を釣る看板に過ぎないから、健全なる理性の批判をもって彼等の常套手段に騙されてはならない」と演説している[84]。俵と川崎は北海道における有権者に対して、政友会の第二期拓計改訂案が財源問題から実現不可能であることを訴えた。他方、道議選における民政党支部の政策の第一項には「第二期拓殖計画の速成を期す」とあり[85]、民政党は第二期拓計の改訂に言及しなかった。すなわち、民政党は第二期拓計の現状維持を前提に、政友会の「産業立国」政策の破綻を批判するという戦略をとった。最終的に民政党が敗北した重要な要因は、独自の第二期拓計案を有権者に提示できず、政友会批判に終始したためだろう。

田中内閣の戦略転換に反して、「産業立国」政策に基づく第二期拓計改訂案を有権者に提示しながら、道議選において民政党に対して相対的有利を確保するに留まったことは、政友会支部に強い危機感を与えたと思われる。第1回普通選挙と同様、第9期道議選もまた、北海道における民政党の選挙地盤の強固さを示す結果となった。以上のことは、政友会支部の一党支配回帰路線が破綻したことを示している。同時に、第1回普通選挙において当選をはたした10名の北海道選出政友会代議士及び道議選に勝利した27名の道議は、有権者から第二期拓計改訂の公約をはたすという政治的義務を担わされることになった。そして、このことは彼らと田中内閣との激しい対立を惹起させることになる。

第2章　北海道第二期拓殖計画の迷走と北方党路線

本章では1928年10月の政友会支部の造反から、1929年7月の田中内閣の総辞職までを考察の対象とする。

第1節　政友会支部の造反と北方党路線の可能性

1928年10月、財界の共同声明は緊縮財政、公債抑制、金解禁政策即時実施を要求し、田中内閣はこれに抗することができなかった[86]。18日、田中首相は「大蔵省側の意向を尊重して公債増発による年度割の増額には反対」し[87]、事業公債発行を基軸する沢田案の実行は絶望的となった。22日、木下支部長らは沢田案貫徹のために上京し、鈴木元内相や島田俊雄幹事長を訪問し、田中首相の口約を実行に移すようにせまった[88]。23日には木下支部長が田中首相と交渉し[89]、24日には、松実、林両代議士と前田駒次道会議長、丸山浪弥副議長が「三土蔵相の反省を求め」るため、高橋是清と岡崎那輔の2長老を訪問した[90]。25日、政友会道議27名は第二期拓計への公債適用を実現させなければ、「道議選に於ける道民への公約の手前面目なし」と、脱党届を木下支部長に提出した[91]。道議たちの脱党運動の背景に、「道民」の視線に対する意識があることがわかる。26日、前田議長、丸山副議長、田中喜代松幹事長、近藤豊吉道議、東英治道議、持田謹也政友会支部顧問は、三井と林という北海道選出政友会代議士中の少壮派と合流して「在京運動員」を形成し、三土蔵相に対して第二期拓計への公債適用をせまった[92]。だが、三土蔵相は「目下の経済界の状況では、二億円以

上の公債発行は絶対不可能である、従つて公債発行を含む拓計案には遺憾乍ら、賛成する訳には行かぬ」と拒絶した[93]。

　10月27日の予算閣議は三土蔵相主導の下、政友会支部の要求を退けた。この結果、旅行中の岡田と森を除く北海道選出代議士８名、持田支部顧問と道議たちは、政友会の脱党、北海道支部の解散を決定した。木下支部長が「第一、道民との公約もある」と語ったように[94]、政友会支部の造反は「道民」の視線を強く意識した上での行動であった。同夜、北海道選出代議士５名（板谷、松実、林、三井、佐々木）と持田支部顧問と道議たちは改めて会合し、声明書と申合書を作成した。声明書は、「現内閣は昨年閣議の決定を以て北海道第二期拓殖計画に対し、或は財源を確実にし、或は事業公債を発行する等、根本的改訂を加へ以て、積極的施設をなすべき言明を与へたり。吾等は悉く之を信頼し、道民に対して之が実現を公約せり。然るに今や昭和四年度予算編成に当り、政府は悉くこれを裏切り、姑息不徹底、何等新味の見るべきものなし」、「吾等はかかる総裁の統率せる政党に晏如として留まる能はず。茲に立憲政友会を脱党す」と主張する[95]。政友会支部の造反は、第二期拓計改訂問題に関する田中首相の変節に基因していた。なお、申合書には「汎く同志を結合して新たに政治団体を組織す」、「議会開会前、支部大会を開き、解散の決議をなすこと」が掲げられていた[96]。29日の『小樽新聞』は、政友会脱党組が「飽まで北海道独自の立場から新党を確立し、初志の貫徹に努力する事を決議した。勿論、他党からの共鳴者からあれば大に歓迎すべく、本道民政党員として自分達［の欠か］立場に尽して来る時はこれ又大に歓迎し、共に本道のために尽したい」と述べていたと報じている[97]。政友会支部は、民政党支部との合流と新党結党を企図していた。ここに、政友会支部は一党支配回帰路線から北方党路線に転換したのである。

　10月28日夜、田中首相と島田幹事長は木下支部長との妥協を企図する。田中首相の妥協案は、昭和４年度における拓殖費の増額を行わない代わりに、2,820万円を最低額とする恒久的補助を与えるというものだった。他方、「沢田案たる三千五百万円の年度割計画との折衷案及び公債増発問題については、明年、拓殖省設置を機会として、その直属、若くは拓殖省に属する北海道拓殖特別調査会を設置して研究すること」が決定された。田中首相が政友会支部に対して口約した第二期拓計への公債適用は先送りされたが[98]、「北海道拓殖特別調査会」構想が浮上していることは重要である。なお、同調査会は「拓殖省」（後の拓務省）の管轄とされている。

　10月29日、木下支部長は北海道選出政友会代議士10名、道議27名の脱党届と脱党声明を持参して島田幹事長を訪問した。島田は30日の閣議の経過まで脱党を延期するよう木下に進言したが[99]、北海道選出代議士６名（三井、林、松実、板谷、佐々木、森）は、同日の会合において「政友会与党の妥協案なるものは、我々の主張する三千五百万円の沢田案と多大の相違あるのみならず、拓殖計画の根本に於て相容れざるものあり」と脱党決行に決定した。三土蔵相は「仮令、北海道全部の脱党を見るも、今更、閣議の決定案は以上の財源を捻出することは不可能である」と応じた[100]。妥協工作は破綻し、北海道選出政友会代議士10名の脱党は避けられない情勢となった。三土蔵相は「北海道代議士十名全部が離党するも、敢て、政友会は苦痛とする所にあらず」、「現内閣の緊縮予算に対しては床次氏の新党クラブが賛成すべく、取引勘定の上に於て、仮令、北海道選出代議士、脱党を見るも、政府としては不利にあらず」と公言していたという[101]。床次竹二郎一派の民政党脱党以

来、政友会は民政党に対する50議席の優位を確立させていた[102]。三土蔵相の主張にも一理あったが、第55議会で多数派工作に苦闘した田中首相にとって[103]、10名の脱党者を出すことは避けたかっただろう。27議席を有する床次の新党倶楽部の動向も未知数であり、脱党組と連携する可能性もあった[104]。31日の『北海タイムス』は「現在の政局に於て、十名の代議士を失ふことは非常な苦痛である」、「更に注目すべきは、東北選出政友会代議士団体は東北開発の目的を貫徹せんとするため、北海道脱党組と伍し、事を企図して居るとのことである」と東北選出代議士の新党参加説を憂慮している[105]。東北選出政友会代議士は26名に達しており、彼らが北海道選出代議士に協力し、東北会として造反すれば、田中内閣の大きな脅威となる。北方党路線に基づく政友会支部の造反は、田中首相にとって軽視できるものではなかったのである。

　だが、北方党路線の最大の問題は政友会支部主体の新党であり、民政党側が応じるかということである。元道庁長官の俵孫一総務のように、新党結党を支持する例外的意見もあったが[106]、当初から民政党の大勢は「政友会は出来もせぬ積極政策の空手形を擁して総選挙に鑑み、殊に、北海道第二期計画増額については、道会議員選挙の際、田中首相が一札入れている模様である。しかして、今となつて、公約を裏切られるにおいては、かかる結果を見るは当然である」という冷淡な意見であった[107]。象徴的だったのは、第1回普通選挙において落選した一柳支部長の政友会支部批判である。一柳は『小樽新聞』において「本年二月、衆議院議員選挙において、はたまた道会議員選挙において、道民に立候補挨拶としては元より本部特派の幹部諸公における党の積極政策より、本道拓殖計画に対する公債案による改訂案論の主張の如何に堂々として力説し、これが実行を公約し、抜き差しならぬ手形を発行し、道民代表として国民代表として、衆議院議員及び道議に当選」したことを強調し、「政友会諸公の主張といい、政策といい、信ずるに足らざるを通り越して天下民人への公約無視は更なり。両回選挙における諸公の手形は一時を糊塗する術策の方便なりしかを思はしむるものである」と批判している[108]。民政党支部は政友会支部に合流するどころか、総選挙と道議選における政友会の公約違反、すなわち、沢田案を放棄したことを攻撃した。政友会支部が第二期拓計を選挙に利用したことは、民政党支部との提携を困難なものとしていた。また、10月31日に開催された政友会の東北会は、北海道選出代議士10名の慰留に努めた[109]。東北選出政友会代議士たちは政友会支部との共闘を選択しなかったのである。

　北方党路線が実現の可能性を弱めていく中で、北海道選出政友会代議士の動向に変化が生じる。10月30日、与党幹部及び政府との交渉に失敗した木下支部長に対して、松実、佐々木、林は強硬論に固執したが、岡田と森は「政府並に与党の事情を考慮して尚慎重の態度を執るべきである」と軟論に転じ、木下は脱党声明書を与党に提出することができなかった[110]。東北会が開催された31日には東と板谷が脱党を躊躇しはじめた[111]。農林政務次官の東を筆頭に、木下は総務、板谷は幹事という党幹部であり、森、佐々木、林は政友会主流の鈴木派に近かった[112]。大政党の政友会を脱党して少数政党を結党するということは、東や木下にとって大きなリスクをともなうことであった。若月剛史氏が指摘するように、田中内閣期には党幹部と政務官の定期的な会合が開催されるようになり、党内の地方利益要求が予算過程に反映しやすい状況となっていた[113]。北海道選出代議士たちには政友会に残留し、東や木下を介して拓殖費の増額をはかるという選択肢も存在したのである。中

央政治家は北方党路線を断念し、一党支配回帰路線に再転換しはじめた。

　他方、急進的な道議を統率していた持田政友会支部顧問は「我支部の一同は、総理及三土の証言を真に受けて、夏の総選挙、次の道会議員選挙に臨んで例の積極政策、産業立国、夫れに又、公債に拠る拓殖計画の墨付まで振まわして、選挙の武器として闘つた。そして消極退嬰の民政党に一泡吹かせた訳で、兎に角、どの戦争にも勝つたのは全然、其材料に依つたとはいはんが、兎に角、有らゆる場合に之を声明したのは事実である。然るに、今さら夫が虚嘘の贋手形に依つては、朝夕顔を合す選挙民に何として申訳をしてよいか」と語っている[114]。選挙戦を指揮した地方政治家の持田は、北海道における有権者への選挙公約違反を危惧していたのである。持田の危機意識は中央政治家の東や木下と比較して、北海道の有権者との関係が緊密なゆえに生じたものだった。だが、政友会幹部や小川平吉鉄相の斡旋をうけた木下支部長は11月3日、脱党届を自らの手元で握り潰すに至った[115]。地方政治家は中央政治家に屈服し、北方党路線は挫折したのである。

　政友会支部が北方党路線から一党支配回帰路線へと再転換した結果、政友会は分裂を避けることに成功した。政友会支部の解散中止と引き換えに、田中内閣は第二期拓計問題に取り組まざるを得なくなった。このことは、木下ら政友会支部にとっての政治的成果だった。だが、田中内閣崩壊は目前に迫っており、次期政権を担う民政党は第二期拓計問題に関する有効な対応策を持たなかったのである[116]。

第2節　北海道拓殖調査会と政友会支部の新拓殖計画案

　田中内閣末期において、政友会支部は沢田案の修正を試みる。1929年4月14日、田中首相を訪問した沢田長官は政友会支部の希望として、「内閣直属の大調査機関」の設置を要求した[117]。これは、新設の拓務省管轄案から一歩すすめた要求である。政友会支部は5月28日から「連夜、拓計問題を中心に最高秘密協議会を開催し」、31日から6月1日にかけて、橋本東三調査課長ら道庁関係者から第二期拓計に関する各部門の意見を聴取した上で「之に、支部独自の草案を対照して、根本的改訂に対する徹底的調査研究を」おこなった。協議の際に「公債発行不可能としての財源捻出方策」が浮上している。最終的に、林が本部と打ち合わせた上で「第一回拓殖調査会に右支部案を提示する事」となった[118]。ここに、政友会支部は「一枚看板」の公債発行要求を断念し[119]、代替案を拓殖調査会に提示することを決定した。6月10日、木下支部長は田中首相に対する電報の中で「内閣ノ現勢ヲ深ク考慮シ、拓殖計画樹立案幾多ノ困難ヲ排砕シテ成案ヲ作リ、天下ニ信ヲ保ツト共ニ、先年総裁ガ声明セラレタル趣旨モ閉脚セザル経路ヲ明ラカニシ、暫ク公債案ヲ避ケ、拓殖振興ノ実ヲ挙ゲテ起案ヲ為シ、道会議員・代議士トモ名分ヲ立テ、政界に紛糾ヲ来サザルコトトセリ」、「仍テ、北海道支部ハ前段ノ方策ニ依リ、政府ト長官ノ間ニ介在シ、調節的立案ヲ為セル為メ、前年ノ如ク沢田案支持ヲ標榜スル能ハズ、御洞察ヲ請フ」と述べている[120]。木下支部長は政友会支部が主体的に第二期拓計改訂案の立案に関与し、田中内閣と道庁の意向を「調節」していくことを表明したのである。

　6月11日の定例閣議において、田中内閣は「北海道拓殖調査会官制案」を可決した。拓殖調査会の注目すべき点は内閣直属とされ、会長に首相、副会長に内相と蔵相が据えられたことである。委

員は内閣書記官長、法制局長官、政務次官（内務、大蔵）、事務次官（内務、大蔵、農林、逓信、鉄道）、道庁長官、北海道選出代議士3名、同貴族院議員2名の15名で構成される予定だった[121]。代議士には東、木下、松実が内定していたという[122]。憲政会政権時代の北海道拓殖計画調査会は内務省直属であり、会長は内相にすぎず、第二期拓計の完成とともに廃止された[123]。この先例と比較すると、政友会支部の造反は拓殖調査会の権威増大をもたらしたと言える。だが、民間委員は政友会によって独占され、民政党は排除されていた[124]。憲政会政権時代の拓殖計画調査会の民間委員は超党派の構成となっていたことと比較すると、後退した観が否めず、民間委員の政友会偏重は一党支配回帰路線の弊害であったと言える。なお、橋本道庁調査課長が危惧していた蔵相の副会長起用[125]は、拓殖費を予算の「審査」段階で統制しようとする大蔵省の思惑[126]と関係しているように思われる。だが、政友会支部は第二期拓計への公債適用を放棄しており、三土蔵相との妥協の可能性は生まれていた。拓殖調査会は、田中内閣、道庁、政友会支部による第二期拓計の総合調整機関として機能する可能性をもっていた。20日には東が上京中の林ら政友会支部有志10余名とともに第1回調査会のための打ち合わせを行っている[127]。

　しかし、7月2日に田中政友会内閣は前年7月の張作霖爆殺事件の処理をめぐって昭和天皇の不興を買い、突如総辞職し、後任の浜口雄幸民政党内閣によって「経費節約の意味で」拓殖調査会は廃止される[128]。このことは、拓殖調査会の民間委員から民政党を排除した代償であっただろう。8月9日、政友会支部は20箇年、総額10億5,295万円とする「新拓殖計画案」を公表した。同案は公債を発行せず、産業費（76,482円）に重点を置く内容である。増額を予定した産業費には甜菜奨励費の増額及び事業拡張など、画期的な主張も含まれている。官業斫伐事業の廃止による森林費の減額など、大蔵省の緊縮財政に配慮している[129]。同案は拓殖調査会への提出が予定されていたが調査会廃止もあり、民政党政権に着目されることはなかった[130]。

　田中内閣期を通して政友会支部は北海道拓殖という超党派の問題を党争に従属させ、民政党支部との対立を深め、第二期拓計を推進して行く上で、後の時代に大きな禍根を残したのである。

結

　本論において検討してきたように、第二期拓計改訂の試みは、田中政友会内閣の下で実現しなかった。

　第一の要因として、「北海道を重視する田中内閣」という政友会支部のイメージの問題が挙げられる。しかし、1928年2月の第1回普通選挙以降に「産業立国」政策を放棄した田中内閣は、政友会支部が期待したほど、第二期拓計改訂に積極的ではなかった。同年10月の政友会支部の造反は、田中内閣と政友会支部との間に存在していた第二期拓計問題に対する落差を浮き彫りにさせた点において意義がある。造反の背景には、「道民」から見られているという普通選挙下の政友会支部（代議士、道議、地方政治家）の共通認識があった。田中内閣の妥協工作の結果、政友会支部は解散を躊躇する木下成太郎支部長や東武ら中央政治家と、選挙公約を遵守するために新党結党及び沢田案貫徹に呐喊する持田謹也支部顧問ら地方政治家に分化していった。この対立が前者の勝利に帰した結果、政友会支部は公債発行をおこなわない、新たな第二期拓計改定案を完成させたが、田中内閣の

崩壊によって実現しなかった。

　第二の要因として、第二期拓計問題を政友会の党略に従属させた政友会支部の一党支配回帰路線が挙げられる。第1回普通選挙と第9期道会選挙の結果から明らかなように、北海道における民政党の勢力は政友会と拮抗しており、地域開発という総合的観点から、第二期拓計を進めるためには二大政党の超党派的提携が不可欠な政治状況となっていた。北海道における民政党の選挙地盤は強固なものに変貌しており、原敬内閣期のように、政友会一党で北海道拓殖政策を進められる時代ではなくなっていた。二大政党の北海道支部の提携を一歩進める北方党路線は、実現すれば、第二期拓計を飛躍的に進展させる可能性をもっていた。だが、政友会支部の一党支配回帰路線は両選挙における政友会の相対的勝利と引き換えに、民政党支部との深刻な対立をもたらし、北方党路線をも挫折させることになった。他方、田中内閣期を通して、民政党は独自の第二期改訂案を提示できず、政友会に対する批判に終始した。

　政友会支部が企図した一党支配回帰路線及び北方党路線の破綻は、北海道政治の二大政党化を示していた。第二期拓計は二大政党制の確立とともに、二大政党の北海道支部の超党派的課題となった。他方、普通選挙導入以降、北海道における有権者の動向が政友会支部の行動に影響を及ぼすようになった。選挙における政友会への投票を呼びかけるため、政友会支部は第二期拓計改訂案を選挙に利用した。後年の民政党政権下における北海道拓殖政策の危機は、田中内閣期の政友会支部が第二期拓計改訂問題を二大政党の角逐へと包摂させたことに胚胎していた。田中内閣末期に政友会支部が実現させた成果（北海道拓殖調査会、新拓殖計画案）は民政党支部に継承されることはなかった。

　二大政党の北海道支部が第二期拓計を党争の外に置き、ともに同計画改訂を中央政府に要求していくのは昭和恐慌が深刻化し、二大政党が政権から陥落した斎藤実内閣以降のことである。

注

1　立憲政友会北海道支部を「政友会支部」、立憲民政党北海道支部を「民政党支部」と呼ぶ。政党の地方支部に言及した先駆的業績として、升味準之輔『日本政党史論』（第四巻）（第五巻）東京大学出版会、1968年、1979年、粟屋憲太郎『昭和の政党』岩波書店、2007年（初版は1983年）が挙げられる。また、第二期拓計の内容については榎本守恵氏の詳細な研究がある（榎本守恵「北海道第二期拓殖計画　その成立の意義」和歌森太郎先生還暦記念論文集編集委員会編『明治国家の展開と民衆生活』弘文堂、1975年）。

2　有馬学氏は普通選挙法導入以降の日本について「あらゆる政治勢力が国民からどのように見られているかを意識せざるを得なかった時代」と見ている（有馬学『日本の歴史（23）帝国の昭和』講談社学術文庫、2010年（初版、2002年）24頁）。かつて、筆者は満州事変期における協力内閣運動が主導者たちの国民代表としての自意識に基因していたことを指摘した（拙著『立憲民政党と政党改良』北海道大学出版会、2013年、第1章第3節参照）。本論では、普通選挙下における「道民」代表としての北海道選出政友会代議士の政治行動に着目していきたい。

3　近年、清水唯一朗氏は中央政局と地方における政党支持の関係から、二大政党制の有効性を検討する視角を提示している（清水唯一朗「立憲政友会の分裂と政党支持構造の変化」坂本一登・五百旗頭薫編『日本政治史の新地平』吉田書店、2013年、267頁）。

4　北海道編『新北海道史』（第五巻）（通説四）北海道、1975年、32頁。

5　東武「第二期拓殖計画案に対する意見」『北海道拓殖時報』（一）1926年、13頁。

6　第二期拓計策定過程における二大政党の役割については、別稿を用意している。

7　北海道もまた、政界再編成の影響をうけている。政友本党代議士の栗林五朔の死去にともない、栗林を支持して

いた室蘭同志会は民政党に合流せず、政友会に公認候補者擁立を依頼した（『北海タイムス』（1925年5月25日）。以降、『北海タイムス』は『北タイ』、小樽新聞は『樽新』、『函館毎日新聞』は『函毎』と略記する。いずれも、北海道大学附属図書館所蔵のマイクロフイルム）。政友会は小樽市の実業家の板谷順助を推薦し、板谷は、補欠選挙で初当選をはたしている。

8　立憲政友会北海道支部編「北海道新拓殖計画対案」立憲政友会北海道支部、1925年、北海道大学附属図書館北方資料室所蔵「高倉文庫パンフレット」（高倉パンフ　127－01）7、8頁。

9　「北海道拓殖計画案」『政友』（二九六）1925年、53頁。

10　『北タイ』（1925年12月15日）。

11　田中は「産業立国策即海外発展」を提唱し、満州への大規模移民を企図していた（小林道彦「大陸政策と人口問題」伊藤之雄・川田稔編『環太平洋の国際秩序の模索と日本』山川出版社、1999年、213頁）。

12　土川信男「政党内閣と産業政策　一九二五～一九三二年（二）」『国家学会雑誌』（一〇八－三・四）1995年、324、325頁。

13　「第二期計画に両党支部協力せよ」『道民』（一四－三）1929年。

14　黒澤良『内務省の政治史』藤原書店、2013年、68頁。

15　『北タイ』（1927年5月18日）。

16　『北タイ』（1927年7月11日）。

17　『北タイ』（1927年11月2日）。

18　「北海道支部大会」『政友』（三二三）1927年、47頁。

19　小川鉄相は「政友会北海道支部大会に臨席。新入党者三万二千余人の報告あり。入党書几上に山を成す。会衆気勢大に揚る」と日記に記している（「小川平吉日記」（1927年10月3日）小川平吉文書研究会編『小川平吉関係文書』（Ⅰ）みすず書房、1973年、252頁。以降、『小川文書』と略記し、巻号と頁数のみ略記する）。

20　『北タイ』（1927年10月9日）。

21　政友会北海道支部「拓計改訂の経過報告」（中）『北タイ』（1927年11月26日）。

22　『北タイ』（1927年10月16日）。

23　同右。

24　『北タイ』（1927年10月30日）。

25　『大阪朝日新聞』（1927年11月2日）。

26　『北タイ』（1927年11月9日）。

27　政友会北海道支部「拓計改訂の経過報告」（中）『北タイ』（1927年11月26日）。

28　『北タイ』（1927年11月13日）。

29　同右。

30　政友会北海道支部「拓計改訂の経過報告」（中）『北タイ』（1927年11月26日）。

31　『北タイ』（1927年11月15日）。

32　翌年、この点を鋭く指摘したのが、時言「拓殖計画と道民」『函毎』（1928年10月30日）である。

33　『北タイ』（1928年2月7日）。寺田は小樽市の大地主であり、代議士経験をもつ政友会支部顧問役会長であり（北海道大学附属図書館貴重資料室・佐藤冒介文庫所蔵、田辺新一・友田孝治編「寺田翁喜寿記念帖」1935年）、持田は北海タイムス取締役の経歴を持つ政友会支部顧問で、支部幹事長の田中は北海道協会専務理事でもある。三者は、季武嘉也氏がいう「参謀」であろう（季武嘉也『選挙違反の歴史』吉川弘文館、2007年、125頁）。

34　『北タイ』は「開票の結果は都市を地盤とする候補者に有利に展開したやうである。都市の特性として有権者が小地域に集団している関係上、有権者の接触も普遍的となり投票の行使も容易である、特に本道の如く、都市が独立した選挙区でなく、郡部に包含されている場合はこの特性の齎す影響は甚大である」と選挙結果を分析している（『北タイ』（1928年2月25日））。

35　『北タイ』（1928年2月27、28、29日、3月2、3日）。

36　『北タイ』（1928年2月4、7日）。

37　『北タイ』（1928年2月27日）。

38　『樽新』（1928年2月3日）。

39　例えば、『北タイ』（1928年2月25日）の観測。札幌鉄道局長の気賀高次は「本計画案の骨髄をなす最も緊要な

るものは、道内における交通機関の整備にありといふ点に於て、各方面の意見が一致しているのである」と述べている（気賀高次「北海道の開発と鉄道との関係」『北海道拓殖時報』（一）1926年、9頁）。12,000人の有権者をもつ札幌鉄道局は棄権防止のため、投票日を工場の休日としている（『樽新』（1928年2月18日、2月5日））。

40　『北タイ』（1928年2月9、10日）。

41　『北タイ』（1928年2月28日）。

42　『北タイ』（1928年2月15日）。

43　『北タイ』（1928年2月5、16日）。

44　『北タイ』（1928年2月28日）。

45　『北タイ』（1928年2月17日）。

46　『北タイ』（1928年2月19日）。

47　『北タイ』（1928年2月29日）。

48　『北タイ』（1928年7月28日）。

49　『北タイ』（1928年2月28日）。

50　『北タイ』（1928年3月2日）。

51　『北タイ』（1928年2月29日）。

52　同右。これは既成政党に所属しながら、その限界を克服しようとする農村改造運動（雨宮昭一『総力戦体制と地域政治』青木書店、1999年、55頁）の一端であろう。

53　『北タイ』（1928年2月1日、2日、5日、3月3日）、『樽新』（1928年2月6日）。千葉の公認問題は、支部の調停能力の低さ（前掲・升味『日本政党史論』（四）284、285頁）の典型的な例である。

54　東は「遺憾に思ふのは四万以上有権者のある北見から二人共当選を見なかったことで斯は将来北見開発に影響するところがあろう」と述べている（『北タイ』（1928年2月24日））。

55　『北タイ』（1928年2月11日）。

56　『北タイ』（1928年2月11、13日）。

57　『北タイ』（1928年2月22日）。

58　普選によって北海道における有権者数は、8倍の45万人に増大している（前掲『新北海道史』（第五巻）（通説四）30頁）。

59　『北タイ』（1928年2月7日）。

60　『北タイ』（1928年2月27日）。

61　「立憲民政党々報」『民政』（二－二）1928年、85頁。

62　「第二怪文書不起訴に対する抗告」『民政』（二－八）1928年、52頁。

63　横山勝太郎「天下を驚かしたる第二怪文書の正体」『民政』（二－五）1928年、15、16頁。

64　『北タイ』（1928年2月22日）。全体の選挙違反人員は政友会164名、民政党1,701名である（川人貞史『日本の政党政治　一八九〇－一九三七年』東京大学出版会、1992年、267頁）。

65　『樽新』（1928年2月29日）。

66　山本悌二郎宛木下成太郎書簡（1928年6月16日）前掲『小川文書』（Ⅱ）528頁。

67　「立憲政友会東北大会」『政友』（三三三）1928年、38、40頁。

68　前掲・土川「政党内閣と産業政策　一九二五〜一九三二年（二）」324、325頁。

69　北海道議会事務局編『北海道議会史』（第三巻）北海道議会事務局編、1962年、1頁。

70　『北タイ』（1928年8月14日）。

71　『北タイ』（1928年8月6日）。

72　太田は「苦戦に苦戦を重ねて来たが、東政務次官其他名士の応援に依り勢力挽回漸く当選圏内に入ったものの如くであるが、尚楽観を許さず」と報じられている（『北タイ』（1928年8月8日））。7日の東による太田候補の応援演説は「聴衆多数」であったという（『樽新』（1928年8月9日））。なお、地方選挙における腹心の応援は、代議士の地盤培養方法の一つである（前掲・季武『選挙違反の歴史』133頁）。

73　『北タイ』（1928年8月8日）。

74　『北タイ』（1928年8月14日）。

75　同右。

76 『樽新』（1928年7月10日）。

77 『北タイ』（1928年7月29日）。

78 同右。

79 『北タイ』（1928年8月8日）。

80 『北タイ』（1928年8月14日）。

81 政友会の一党優位政党制時代の地域内対立は政友会分裂を経て、政友会、民政党の二大政党に再編されていった（前掲・清水「立憲政友会の分裂と政党支持構造の変化」『日本政治史の新地平』265頁）。留萌町、増毛町、羽幌町はその典型だろう。

82 「立憲民政党々報」『民政』（二－九）1928年、86頁。

83 『樽新』（1928年7月22日）。

84 『樽新』（1928年7月28日）。

85 『樽新』（1928年7月21日）。

86 小山俊樹『憲政常道と政党政治』思文閣出版、2012年、209、210頁。

87 『東京朝日新聞』（1928年10月19日）。

88 『北タイ』（1928年10月23日）。

89 『北タイ』（1928年10月24日）。

90 『函毎』（1928年10月25日）。だが、岡崎は三土蔵相を擁護している（『函毎』（1928年10月29日））。

91 『北タイ』（1928年10月26日）。

92 『北タイ』（1928年10月27日）。

93 同右。

94 『北タイ』（1928年10月28日）。

95 『北タイ』（1928年10月29日）。

96 同右。

97 『樽新』（1928年10月29日）。

98 『神戸新聞』（1928年10月29日）神戸大学附属図書館デジタルアーカイブ『新聞記事文庫』（日本）（二一－〇八四）。

99 『北タイ』（1928年10月29日）。

100 『北タイ』（1928年10月31日）。

101 『函毎』（1928年10月30日）。

102 村井良太『政党内閣制の展開と崩壊　一九二七～三六年』有斐閣、2014年、49頁。床次脱党問題と民政党については、前掲・拙著『立憲民政党と政党改良』第1章第2節を参照。

103 前掲・小山『憲政常道と政党政治』202、203頁、前掲・村井『政党内閣制の展開と崩壊　一九二七～三六年』三四、三五頁。

104 東武、丸山浪弥、田中喜代松、林儀作は人脈的に床次に近く（奥健太郎『昭和戦前期立憲政友会の研究』慶應義塾大学出版会、2004年、58頁）、後年、林路一は床次の昭和会に参加する。

105 『北タイ』（1928年10月31日）。東北組合流の観測記事は同日の『樽新』と『函毎』にもみられる。

106 『樽新』（1928年11月1日）。

107 『樽新』（1928年10月28日）。

108 「北海道の拓計に就て一柳支部長語る」（中）『樽新』（1928年11月7日）。

109 『北タイ』（1928年11月1日）、『函毎』（1928年11月2日）。

110 『北タイ』（1928年10月31日）。

111 『北タイ』（1928年11月1日）。

112 前掲・奥『昭和戦前期立憲政友会の研究』35、23頁。木下と板谷は、他の北海道選出代議士から党幹部の職を辞任するように要求されている（『函毎』（1928年10月27日））

113 若月剛史『戦前日本の政党内閣と官僚制』東京大学出版会、2014年、142、143頁。

114 持田謹也「拓計案に殉ずる政友幹部の意気」（下）『北タイ』（1928年11月2日）。

115 『北タイ』（1928年11月5日）。

116　この点は政府委員の秋田清が第五六議会において指摘している（秋田清の言「予算委員第二分科（内務省及拓殖省所管）会議録」（第四回）（1929年2月8日）『帝国議会衆議院委員会議録』（昭和篇）（八）東京大学出版会、1990年、636頁）。

117　『北タイ』（1929年4月15日）。

118　『北タイ』（1929年6月2日）。

119　同右。9日夜に林は政友会支部案を携えて上京している（『樽新』（1929年6月10日））。

120　田中義一宛木下成太郎電報（1929年6月10日）木下成太郎先生伝刊行会編『木下成太郎先生伝』みやま書房、1967年、460頁。

121　『北タイ』（1929年6月12日）。拓殖調査会の原型は前年に田中内閣が設置した経済審議会（前掲・土川「政党内閣と産業政策　一九二五～一九三二年（二）」327、328頁）であろう。

122　『樽新』（1929年6月15日）。

123　荒川昌二『北海道拓殖計画ニ就テ』1928年、304～305頁。

124　『樽新』（1929年6月14日）。

125　『北タイ』（1929年6月12日）。

126　前掲・若月『戦前日本の政党内閣と官僚制』145頁。

127　『函毎』（1929年6月22日）。八日の全道土功組合連合代議委員会は拓殖調査会に期待し、「本道選出代議士の超党派的援助」を要求している（『樽新』（1929年6月9日））。

128　『樽新』（1929年7月11日）。木下は浜口内閣成立と同時に拓殖調査会廃止の情報を得ている（『北タイ』（1929年7月2日））。

129　『北タイ』（1929年8月9日）。

130　野党代議士となった板谷は民政党による拓殖計画廃止を批判した上で、「吾吾北海道人は、拓殖計画を樹てて居るが、従来、中央に居る人は夫程に感じて居らない。北海道を出来るだけ中央に宣伝をするため政党政派を超越し、一致協力し当りたいと思って居ります」と述べている（板谷順助の言「北海道拓殖問題座談会」1930年、橘富士松編『北海道と拓殖』東亜振興会、1931年、19頁、北海道大学附属図書館北方資料室所蔵「高岡・松岡旧蔵パンフレット」（高岡・松岡パンフ　H0077-007））。

［本論文の執筆には、平成25、26、27年度の科学研究費（若手研究B）の一部を使用した（課題番号　25770226）。］

（いのうえ・けいすけ／北海道大学）

【論文】

樺太のエスニック・マイノリティと農林資源
：日本領サハリン島南部多数エスニック社会の農業社会史研究

中山　大将

1．課題と方法

1）はじめに

　近現代サハリン島は、大国間の境界変動が繰り返された「境界地域」[1]ととらえられると同時に、構成員の大幅な交代が繰り返されたとは言え、そこに展開していた社会における住民の多様性が多数派を占める重層的な移住者群によって構成される「多数エスニック社会」[2]である点では一貫している。〈エスニック・マイノリティ〉をある地域に居住する政治経済的劣位に置かれた人口的少数派である言語・文化集団とした場合、日本領南サハリンたる樺太では、先住民系住民だけではなく、ヨーロッパ系住民、アジア系住民もこれに該当する。

　これらのエスニック・マイノリティをめぐっては、研究者だけではなく、ジャーナリストや郷土史家、社会運動家らによって多くの書籍などが刊行されている。先住民族については、日本軍特務機関員であったゲンダーヌや「トナカイ王」ヴィノクーロフなどの個人に焦点を当てた書籍[3]が知られているほか、樺太アイヌの実態について論じた田村将人の一連の研究が挙げられる。ヨーロッパ系住民に関しては、郷土史的関心からファミリー・ヒストリーの叙述がなされている[4]。アジア系住民に関しては、1975年に開始された「樺太裁判」と前後して朝鮮人「強制連行」問題への関心から、多くのメディア取材や研究が蓄積されて来た[5]だけではなく、樺太朝鮮人について戦時動員以前の状況について明らかにし、日本帝国内では農業従事者が多いことをその地域的特徴として指摘した実証研究が刊行されている[6]。樺太漢人についても華僑華人研究の観点からの研究[7]が現れ、樺太漢人社会の実態の分析から他地域とは連続性が希薄であることが明らかにされてい

1）中山大将「サハリン韓人の下からの共生の模索：樺太・サハリン・韓国を生きた樺太移住韓人第二世代を中心に」『境界研究』第5号、2015年、1頁。
2）中山大将『亜寒帯植民地樺太の移民社会形成：周縁的ナショナル・アイデンティティと植民地イデオロギー』京都大学学術出版会、2014年、23-25頁。
3）田中了、ゲンダーヌ『ゲンダーヌ：ある北方少数民族のドラマ』現代史出版会、1978年、ヴィシネフスキー　N.『トナカイ王：北方先住民のサハリン史』（小山内道子訳）成文社、2006（1994）年。
4）フェドルチューク　セルゲイ.P.『樺太に生きたロシア人』（板橋政樹訳）ナウカ、2004（1996）年、尾形芳秀「旧市街の先住者「白系ロシア人」達の長い旅路：オーシップ家をめぐるポーランド人たちの物語」『鈴谷』第24号、2008年、尾形芳秀「樺太とポーランドとの関り：ポーランド大統領の使者が来島　1934」『鈴谷』第27号、2012年。
5）中山大将「サハリン残留日本人：樺太・サハリンからみる東アジアの国民帝国と国民国家そして家族」蘭信三編著『帝国以後の人の移動：ポストコロニアリズムとグローバリズムの交錯点』勉誠出版、2013年、735-736頁。
6）三木理史『移住型植民地樺太の形成』塙書房、2012年。
7）阿部康久「1920年代の樺太地域開発における中国人労働者雇用政策」『人文地理』第53巻第2号、2001年、菊池一隆『戦争と華僑：日本・国民政府公館・傀儡政権・華僑間の政治力学』汲古書院、2011年。

る[8]。

　ジャーナリストや社会運動家は、特定の集団や個人に着目することで日本帝国ないしはそれに続くソ連による抑圧性の指摘と批判を展開し、研究者は各エスニック・マイノリティあるいは先住民族という集団の実態を包括的に明らかにしようとする一方で、やはり議論の範囲が各集団に限定され、エスニック・グループ間の比較の視点が希薄な傾向が見られる。しかし、近現代サハリン島を「境界地域」ととらえるならば、日本帝国によるサハリン島南部の占領と領有という境界変動が住民に与えた影響や、新旧住民によって築かれた社会の実態を問うことは、その人口や経済的影響力の多寡を越えて重要な課題となるはずである。

　本論の目的は、日本領サハリン島南部たる樺太において樺太アイヌなどの先住民族や領有以前からの居住者であった残留露国人、領有後の移住者である朝鮮人などのエスニック・マイノリティ[9]が、いかに移住内地人を中心とする樺太移民社会に組み込まれていったのかを農林資源の観点から検証することである。本論が農林資源に着目するのは、後期には鉱業が興隆するとはいえ、領有当初から官民ともに期待をかけ、先住者[10]たちもアクセスし、先住者と移住者の接触の場が広く存在していたと考えられるからである。

　樺太農業史研究は2000年代以降日本帝国植民地研究の観点からの研究が蓄積されて来た[11]ものの、議論の対象となったのは主に内地人[12]農業移民に対する政策とその実態であり、非内地人農業者についてはほとんど対象とされてこなかった。その背景には、同じく日本帝国植民地であった台湾や朝鮮とは異なり、樺太においては農業者に限らず非内地人住民が人口的に僅少であり経済的、社会的な影響力をほとんど持たなかったことがあった。しかし、上述の境界地域史研究の観点に立てば、エスニック・マイノリティがマイノリティに成っていく過程それ自体が、極めて重要な研究課題となり、なおかつ、それら事象は個々人や個々の集団の歴史的経験としてだけ回収されるべきではないと考えられる。

2）課題と方法

　本論では以下の三つの課題を設定する。第一は、統計などからエスニック・マイノリティの農村部での分布状況やその変遷を把握し、移住内地人や樺太庁諸政策との関係性を検証すること、第二は、エスニック・マイノリティがいかに樺太経済に組み込まれていたのかを検証すること、第三は、先住者の生産様式に対する樺太移民社会の評価の如何と技術の導入の有無を検証することである。この人口、市場、技術の三つの側面から、樺太移民社会における樺太エスニック・マイノリティの実態を再検討する。

8）小川正樹「樺太華僑史試論」谷垣真理子ほか編『変容する華南と華人ネットワークの現在』風響社、2014年。
9）本論では、日本帝国下において制度面およびその運用面において国籍、戸籍、エスニシティを理由に権利と義務が内地人に比して制限されていた住民一般を指す。
10）先住民族含めて居住開始時期が日露戦争以前の人々およびその家族を指す。
11）竹野学『樺太農業と植民学』札幌大学経済学部附属地域経済研究所、2005年、前掲『亜寒帯植民地樺太の移民社会形成』など。
12）本籍地が内地各府県（後に樺太を含む）にある人々のうち樺太アイヌを除く人々を指す。

樺太庁の統計である『樺太庁治一斑』（以下、『一斑』）により、1909〜1926年の期間について字レベルでの国籍・民族構成が把握でき、その分布、人口変動、混住状況が把握できる。既往の研究においては各エスニック・マイノリティの分布は言及されても移住内地人との混住状況までは言及されていない。本論では人口等は基本的に冬期の数値を挙げ、1927年以降については『樺太庁統計書』の数値を用いる。次に、樺太庁通訳官の秋本義親が現地調査によって作成した『残留露国人調査書』[13]（以下、『調査書』）からは、ヨーロッパ系住民に関する1910年前後の状態が把握できる。1925年の日ソ基本条約に基づく日本軍の北樺太撤退と〈白系ロシア人〉や朝鮮人等の流入は、樺太においても赤化波及への警戒心を呼び起こし、樺太庁は在樺太外国人の状況を調査し『南樺太居住外国人ノ現況』[14]（以下、『現況』）にまとめた。『調査書』と『現況』を用いた研究[15]もすでに見られるものの、農林資源という観点からの検証の余地は残されている。制度面のみならずその運用面や実態まで把握するために、現地メディア[16]を含め同時代資料のほか、戦後の聞き書き集、および筆者自身の聞き取り調査結果なども活用する。

２．ヨーロッパ系住民

１）概要

ヨーロッパ系住民は「露国人」とその他の移住者とに大きく分けられる。「露国人」という呼称は樺太庁が日露戦争以前からサハリン島南部に居住していたヨーロッパ系住民を指すための呼称であり、その内部には民族的多様性が存在していた。1921年以降に統計上現れる「波蘭人」「アルメニア人」「土耳古人」らは、この「露国人」のうち、祖国がロシア帝国より分離独立するなどして、国籍変更を行なったか、そのように樺太庁にみなされた人々であると考えられる。本論では、これらの人々を一括する場合は〈残留露国人〉と呼び、民族集団[17]ごとに呼び分ける場合は〈残留ロシア人〉〈残留ポーランド人〉などと呼称する。

『一斑』によれば、残留露国人は1909年時点で231人いるものの、1910年には123人へ減少し、その後も減少傾向にある。「露国人」の数が増加傾向に転じるのは日ソ基本条約が結ばれた1925年以降である。これはソ連を嫌って北樺太から逃れてきた〈白系ロシア人〉たちの樺太への流入が起き、その一部が「露国人」として計上されたためと考えられる。これはポーランド人も同様で、1925年以降は増加傾向が現われる。また、1914年以降はロシア帝国とは無関係なドイツ人などの移住ヨーロッパ系住民が現れていた。ヨーロッパ系住民全体の人口は最盛期で250名に満たず、これは樺太総人口の１％にさえ満たない。

13）秋本義親『樺太残留露国人調査書』（福富節男校注）福富節男、2004（1910）年。

14）樺太庁『南樺太居住外国人ノ現況』樺太庁、1927年。

15）板橋政樹「解題　樺太「残留ロシア人」の歴史」前掲『樺太に生きたロシア人』、前掲「樺太華僑史試論」など。

16）朝鮮人関連の新聞記事については、山田伸一編「『樺太日日新聞』掲載在サハリン朝鮮民族関係記事：目録と紹介」（氏家等編『在サハリン朝鮮民族の異文化接触と文化変容に関する基礎的研究（平成16年度〜平成18年度科学研究費補助金（基礎研究（B））研究成果報告書）』北海道開拓記念館、2007年）も参考にした。

17）『調査書』と『現況』では、「人種」という分類が「国籍」とは別に用いられており、本論で言う〈民族〉はこの「人種」に該当する。

２）樺太残留露国人

『調査書』には、日露戦後に北緯50度線以北から移住してきた者も含め91名についての情報が記載されており、同世帯の者も含め直接の聞取調査対象はそのうちの56名である。

民族・宗教構成を見てみると、民族と宗教はほぼ重なっており、約40％がロシア人（正教）、35％がポーランド人（カトリック）、15％がタタール（「韃靼」）人（イスラム教）、ほかトルコ人（イスラム教）とユダヤ人（ユダヤ教、イスラム教）が１名ずつという構成である。職業構成については、農業者が46％、これに狩猟者も加えると68％となり、生業としては農業や狩猟が主流であった。この傾向は約15年後の『現況』においても大差はない。

『調査書』記載の情報を集計すると、ヨーロッパ系住民が居住している集落は計18ヶ所あり、そのうち13集落はその集落におけるヨーロッパ系住民が特定の民族のみとなっている。市街地を除くと複数のヨーロッパ系民族による混住集落はわずか３ヶ所であり、民族ごとの棲み分けが見られる。

『一斑』から露国人居住集落を確認すると、樺太全体で20集落あり、露国人以外に居住者がいない集落は２ヶ所、内地人と露国人の数が均衡している集落が４ヵ所、ほか14集落では内地人が圧倒的多数を占めている。たとえば、ヨーロッパ系住民ではポーランド人しか居住していない小沼でもポーランド人４戸に対し、内地人44戸という状態である。領有５年の段階ですでに大勢の移住内地人が露国人集落に進出し人口的多数派を形成していたことが統計から確認できる。

樺太庁が1905年から1909年にかけて行なった殖民地選定調査事業の結果をまとめた『樺太殖民地選定報文』の第二章「中央凹地帯」では留多加、鈴谷、内淵の三原野にある露領時代からの既設村落計36集落の家屋数と既墾地面積が記載されており、その平均値は家屋約36軒、既墾地約43町である[18]。これらは日露戦争中から戦後にかけて大陸へ帰還した露国人たちの残していった物であったが、すべての村落が露国人によって完全に放棄されたわけではなく、『一斑』によれば、1910年時点でこの36集落中４集落に露国人が居住しており、これら集落へも移住内地人が居住することで、混住化が発生することとなった。

大沢のポーランド人、イヲシフ・カズロフスキーは「日本領以来其耕地一定セス毎歳官ヨリ指定場所ヲ異ニシ農業経済上及自活迷惑勘カラサルニ付キ一定ノ場所ヲ指定ノ上永ク同人ノ使用スルコトヲ許サレン事ヲ希ム」[19]という不満と要望を秋本に伝えており、同様のことはほか３名も述べている。この発言の背景には、1909年７月４日樺拓第573号により、残留露国人に対して年度更新の土地貸付制度が正式に定められたことがある[20]。注意すべきは、これは残留露国人の新たな土地利用のために設けられた規則ではなく、日本の樺太領有により樺太全土が国有地となったため、残留露国人が露領期から利用していた土地について「残留露人に対する宅地の使用は本邦農業移住者着業上参考とすべき点多く、占領当初より黙認使用の政策」をとっていたものの「実際取締上支障の点勘からず」[21]という理由からとられた措置であり、1911年５月20日の庁議決定拓発第48号第二部

18）樺太庁第二部拓殖課『樺太殖民地選定報文』樺太庁、1910年、17-33頁。
19）前掲『調査書』85頁。
20）樺太庁長官官房編纂『樺太法令類聚』樺太庁、1912年、392頁。
21）樺太庁『樺太庁施政三十年史』樺太庁、1936年、616頁。

長通牒により「露国人ニ限ラス一般外国人ニ適用ノ事ニ決定」された[22]。

『一斑』の数値と照合すると、『調査書』が作成された1910年時点で大沢に居住している残留露国人はこのカズロフスキー家のみである一方で、内地人はすでに36戸が居住している。カズロフスキー家が露領期から使用していた土地はこうした移住内地人の入殖地として転用されたと考えられる。大谷のタタール人、サフイ・ウルラ・ユスーポフが、露領時代は村の東部で営農していたが、その土地は移住内地人に貸与され別の場所で営農を開始したと述べているように、樺太庁は上記の残留露国人に対する土地貸付規則を移住内地人によりよい農地を提供するために利用していたと考えられる。1910年時点で大谷には４戸の残留露国人が居住していたものの、内地人はすでに31戸が居住しており、状況はカズロフスキーと同様であったと考えられる。さらにユスーポフは、自分が牛を放牧していると彼の元の農地へ牛が入り現在耕作している移住内地人の農作物を踏み荒らしてしまい賠償を請求されたという一件に対して、彼がかつて設けていた家畜除けの柵を撤去してしまった移住内地人にも責任があるはずであり、当局が出した「日本領トナルヤ絶対ニ放牧禁止シ犯スモノハ相当ノ制裁ヲ受ケサル可カラス」という方針は、放牧に強く依存する残留露国人農家にとっては困窮の元となると秋本に対して主張している。大谷のポーランド人、ヨシプ・ワレンチー・フイリニヤークにいたっては、放牧を禁止された状況で牧畜業を継続することはもはや困難であり、できれば牛馬を売り渡し大泊でパン屋を営みたいとまで述べている[23]。

1910年までに樺太で出された庁令等には明確に放牧を禁止した条項は見当たらないほか、軍政期[24]についてもそれに該当する措置の記述は見られない。けれども、樺太領有後は全林野が国有地になっている以上、そこでの放牧を違法行為とみなす解釈が適用されたとも考えることができる。このように、日本帝国による樺太領有と、その後に出された諸方策は、制度と運用両面から残留露国人たちの生活に深刻な影響を与えた。

３）樺太ポーランド人

残留露国人には上述の通り、ポーランド人が多く含まれており、これらポーランド人は1918年のポーランド独立を受けてポーランド国籍を取得するようになり、樺太の統計においても1921年以降は一外国人集団として把握できるようになる。人口の第一次ピークは1927年の36人、第二次ピークは1937年の52人である。

1934年１月に樺太を来訪したポーランド電報通信社東洋特派員の紀行文「樺太のポーランド人たち」では、日露戦前からサハリン島に居住していたポーランド人の代表としてチェハンスキ家が紹介されている[25]。チェハンスキ家は、小沼で成功したポーランド人一家であり、紀行文によれば、農地面積約700㎡で燕麦、馬鈴薯、野菜を栽培し、飼養家畜は牝牛18頭、馬１頭（役畜）、豚２頭で

22）前掲『樺太法令類聚』392頁。
23）前掲『調査書』119-146、162-166頁。
24）樺太庁長官官房編纂『樺太施政沿革後編（下）維新以後』樺太庁、1912年。
25）ヤンタ＝ポウチンスキ　アレクサンデル「樺太のポーランド人たち」（佐光伸一訳）井上紘一編『ポーランドのアイヌ研究者　ピウスツキの仕事：白老における記念碑の除幕に寄せて』北海道ポーランド協会・北海道スラブ研究センター、2013（1936）年、126-128頁。

牛乳販売も行っている。放牧地は有料共有地を利用し、税金も納入し、子弟は内地人と同じ学校に通学している。土地問題についても、「サハリンでは、彼らのうちの誰も自分の土地を所有していないし、所有できない」と語っており、樺太庁と貸借契約をして利用権を得ている状況に変わりはなかったと考えられる。

　紀行文では、チェハンスキ家に代表される露領期からの居住者である〈残留〉ポーランド人だけではなく、1925年の日本軍北樺太撤退に伴い樺太へと逃れた〈移住〉ポーランド人3名についても記述がされている[26]。このうち2名は、駅弁として自家製パンを販売し成功を収め、こうしたポーランド人が製造販売したパンは〈露助パン〉と樺太移民社会では呼ばれた。〈露助パン〉を製造販売していたのは、移住ポーランド人だけではなく、残留ポーランド人も1軒が行なっていた。

4）樺太ロシア人

　樺太ロシア人とは『調査書』や『現況』では「純露人」「大スラブ」などと分類され、『一斑』では1921年以降も「露国人」「旧露国人」と呼ばれる人々を指し、1926年までに約70集落に居住履歴があり、人口のピークは1935年の197人で、人口が10人を上回ったことのある集落は9ヶ所、最大は1910年の北名好10戸50名で、それ以外は1〜5戸、1〜20名程度の規模である。

　樺太庁広報誌『樺太時報』に掲載された樺太ロシア人集落訪問記「荒栗のロシア人達」[27]によれば、荒栗は7戸約50人の「露助部落」であり、内地人の荒栗漁村集落から遠淵湖へ寄った海岸にあり、集落は柵で囲まれ、牧草地は約50万坪、牛は100頭飼養されていた。農地は「役所から税金を拂つて借地している」[28]とされ、1940年時点でもヨーロッパ系住民は農地の所有権を認められず、貸借利用を強いられていたことがわかる。記事に登場するワシリィ・ピヨートルヴィチは日本の学校を卒業した30歳前後の人物で、世帯員は7〜8人、牛25頭、狐約50頭という営農規模である。フェドルチュークの記述[29]と照合すると、この人物はヴァシーリー・ベトロヴィチ・エフィーモフであり、狐は1930年代に彼が始めた毛皮獣飼育場で飼養されているものであることがわかる。なお、養狐自体は同時期に樺太庁が農家一般に推奨しているものであった[30]。この牛の飼養頭数は内地人の成功例と比べてもはるかに多い[31]。『一斑』によれば、1910年時点で荒栗には2戸の露国人が居住しており、内地人は12戸が入殖していた。1926年には4戸の露国人が居住している。

　なお、樺太ポーランド人同様に、樺太ロシア人にも北樺太や北海道からの移住者が含まれ、これらの中にはパン製造業や農業経営にかかわる者が見られた[32]。

26）同前「樺太のポーランド人たち」124-125、130-131、135-139頁。
27）松野朔雄「荒栗のロシア人達」『樺太時報』第42号、1940年。
28）同前110頁。
29）前掲『樺太に生きたロシア人』54-55頁。
30）1930年代の東柵丹に「約二千匹の狐」と20頭近い乳牛を飼養し、餌食加工場、冷凍冷蔵施設、木工所、トラックやオートバイを所有して経営を行なうロシア人一家がいたという回想も見られる（李炳律『サハリンに生きた朝鮮人』北海道新聞社、2008年、37-39頁）。
31）たとえば、樺太庁殖民課『農家経済調査』（樺太庁、1933年、14-15頁）に掲載された篤農家10名の牛飼養頭数は0〜12頭に過ぎない。
32）前掲『現況』71-72頁。

5）移住ヨーロッパ人

　ロシア帝国とは無関係の移住ヨーロッパ人の最も早い事例は、1912年に渡来したというカトリック牧師のドイツ人、アグネルス・コワルスである[33]。それに続く、1917年から1923年にかけての落合居住のスウェーデン人、1926年以降の知取居住のドイツ人は、それぞれスウェーデンのカールスタット社製の機械を導入した日本化学紙料株式会社落合工場[34]、ドイツ製機械を導入した富士製紙株式会社知取工場に招かれた技師[35]であった。

　こうした招聘技師とは別に樺太へ移住したヨーロッパ人として、アントン・ニュルンベルガーがいる[36]。ニュルンベルガーは、カールスバート出身のズデーデン・ドイツ人であり、元は東京のホテルで働いていたが、樺太ポーランド人の畜産加工業の話を耳にし、日本国内での畜産加工業での成功を見込み渡樺、そして畜産加工品製造販売業を営み、東京、神戸、大阪の外国人やホテルにまで販路を広げるにいたった。

6）樺太農林資源とヨーロッパ系住民

　露国人たちが飼養していた牛馬は、初期の移住内地人たちの渡樺の誘因のひとつとなっていたと考えられる。たとえば、1905年に渡樺し後に樺太篤農家のひとりとして顕彰される的場岩太郎は渡樺動機について、樺太では帰還した露国人らが放棄した大量の牛馬が放置されているという話を聞いたので、それらの食肉販売を企図したためと語っている[37]。

　このような情報が流布した背景には、日本軍が日露戦中から戦後にかけてサハリン島に居住していた露国人のほとんどを大陸へと送還したために、家畜を含めたその財産の一部を買上げるなどの措置をとったことがある。ただし、買上手続きが追いつかないまま送還が実施され、一部では牛馬が放置されてしまう事態が発生し、占領軍もこれら牛馬を収容する準備をしていなかったため、結局、馬は3,000頭、牛はその2〜3倍いたはずだが、収容できたのは数百頭に過ぎなかった。領有翌年の1906年に各地の牛馬収容所を集約し、種畜所と改称し、以後、種牡馬、種牡牛を北海道や東北から移入して繁殖させた[38]。

　樺太内の各産業試験研究機関を統合して樺太庁中央試験所が設立される1929年の前年の1928年には在来馬種は樺太内全頭数の16％、1933年には11％にまで数、割合ともに減少していた[39]。中央試験所の保有牛馬も、種牛としてはホルスタイン種とエアシャー種、種馬としては内国産アングロノルマン種やその他内国産洋種が主流であった[40]。このように、露国人たちが飼養していた牛馬は、品種としては軽視され、牛馬の繁殖と当面の使用のための踏み台にされたに過ぎなかったと考

33）前掲『現況』81頁。『一斑』でドイツ人居住者が確認できるのは、1914年以降である。
34）樺太林業史編纂会編『樺太林業史』農林出版、1960年、71頁。
35）『現況』81-82頁。
36）Meissner Hans-Otto、*Völker*、*Länder und Regenten*、Brühlscher Verlag:Giessen、1958、前掲「旧市街の先住者「白系ロシア人」達の長い旅路」。
37）樺太庁農林部『篤農家講演集』樺太庁農林部、1929年、24頁。
38）樺太庁拓殖部編『樺太之産業』樺太庁、1923年、12-13頁。
39）樺太庁『樺太馬事調査書』樺太庁、1935年、12-14頁。
40）樺太庁中央試験所『樺太庁中央試験所一覧』樺太庁中央試験所、1931年、58-59頁。

えられる。

　作物品種についても、『樺太庁中央試験所一覧』（1931年）の主要作物優良品種全30種中に在来種は、大麦「在来」、小麦「樺在来１号」、ライ麦「在来」、馬鈴薯「樺在来１号」の４種が見られるのみである[41]。樺太庁中央試験所による在来品種の配布状況を見ると、小麦「樺在来１号」は1936年まで、馬鈴薯「樺在来１号」「在来」は1934年までで配布が停止され、それ以降は小麦はカナダ由来品種パン用小麦「暁」に切り替えられ、馬鈴薯については推奨される商品作物自体がドイツ品種の甜菜に転換されてしまう[42]。

　中央試験所やその前身機関なりが積極的に残留露国人らの在来農法を観察し導入しようした動きは確認できない。その背景には、畜産の積極的導入を目指しつつも、主農従畜とする樺太農政および農業技術者の思惑と、主畜従農とする残留露国人の在来農法とが合致しなかったことがあり、最終的には残留露国人農法を参考に値せずと低評価していた。ただし、中央試験所設立以来の元スタッフの後年の回想の中では、ヨーロッパ系先住者の在来農法を軽視し、北海道経由の北米式の農法に依存したことを失敗とみなす見解や、その一方でヨーロッパ系先住者の用いる農具は彼らの体格を前提にしたものであるため内地人には利用が困難であったという見方もなされている[43]。

　ユースーポフやフイリニヤーク、チェハンスキらは、サハリン島では主畜従農とする農法でなければ成功は見込めず、移住内地人たちは主農従畜としようとしている上に、播種時期なども適合していないために、営農に成功しないのだと秋本に助言している[44]。特にユースーポフが教えた具体的な播種時期と樺太庁が「重要農作物播種収穫期節竝収量表」[45]で示したそれとが重なっていることから、残留露国人たちの助言が反映された可能性がうかがえ、領有初期の農業関係者にとって重要な参考情報となったと考えられる。

　次に消費の側面に目を向けてみたい。1938年のパン用小麦「暁」選定までは樺太産小麦はパンに向かないとされ、1920年代から見られた樺太米食撤廃論[46]では燕麦の主食化が主流であった。したがって、〈露助パン〉をモデルにするどころか、小麦パン食自体がまだ重視されておらず、ヤンタ＝ポウチンスキの記述[47]によれば、そもそも樺太ポーランド人自体がパン用小麦粉は移入品を使用しており、自給生産していたわけではなかったことになる。また、1938年以前にも島産原料を用いたパンの製造法の紹介や講習会が見られたものの、そこで指導役を担ったのは、樺太庁関係者や北海道の専門家であり、ヨーロッパ系住民ではなかった[48]。

　ただし、『調査書』によれば、残留露国人の中には日露戦後にパン職人として内地で働いた者が３名存在し（秋本、2004［1910］、68-70、231-236、247-250頁）、樺太ポーランド人だけでなく、『現況』

41）前掲『樺太庁中央試験所一覧』31-32頁。
42）樺太庁中央試験所『農業部業務概要』各年度版。
43）前掲『亜寒帯植民地樺太の移民社会形成』196頁。
44）前掲『調査書』87-111、119-146、162-166、178-182頁。
45）前掲『樺太殖民地選定報文』11-12頁。
46）米食撤廃論や主食転換については前掲『亜寒帯植民地樺太の移民社会形成』第７章参照。
47）前掲『樺太のポーランド人たち』128頁。
48）「米食に代はるべきパンの製法　頗る簡単に出来る　講習は十二日に開かる」『樺太日日新聞』1930年４月11日、「燕麦パンの試食会開かる　三日真岡支庁にて」同1932年３月４日など。

記載の樺太ロシア人およびトルコ人62人中19人が農業等との兼業を含めパンや菓子の製造販売に従事していた（樺太庁、1927、21-30頁）。また、ニュルンベルガーに限らず、ヨーロッパ系住民による畜産加工業が樺太では営まれており、たとえば、内地人引揚者 E 氏によれば、小沼ではあるロシア人が精肉店を経営していた[49]。過大評価は慎むべきであるが、樺太および内地でのパン食や肉食文化の普及にこれらヨーロッパ系住民が一定の貢献をした可能性は否定できない。

　樺太庁内には上記の通り、ヨーロッパ系住民の農業技術に対する低い評価が目立ったが、営農能力に対しては異なる評価が見られた。『現況』では、彼らが親日的であることは認めつつも日本国籍を取得し内地人同様の権利を有して事業を始めるならば、その労働生産性から「遂ニハ邦人カ圧倒セラルル虞アリ」と危惧し、仮に日本国籍取得申請を出すようになるならば、内地人と世帯を形成している者の中でも「特ニ善良ナル者ノミ」を慎重に選定し、他の者については「遽ニ帰化ヲ許スヘキニ非ス」と警戒している[50]。

　1925年に駐東京ポーランド公使が樺太へ来訪した際には残留ポーランド人からは農地所有権、移住ポーランド人からは農地貸借権の付与を日本政府に交渉して欲しいという要望が公使へと寄せられた。そもそも、公使来島の発端は、皇太子行啓に合わせて当局が沿道居住の外国人に退去を命じたところ、一部の樺太ポーランド人が樺太からの退去であると取り違え、前述のドイツ人牧師に相談したことであった[51]。この一件からもヨーロッパ系住民たちが土地制度とその運用面では不利な立場にあり続けたことが理解できる。

３．アジア系住民

１）概要

　内地人を除いたエスニック・マイノリティとしての樺太のアジア系住民には、圧倒的多数を占める朝鮮人のほか、漢人、台湾人、「満洲国人」が統計上確認できる。

　本論における樺太朝鮮人とは、統計上は1909年までは外国人としての「韓国人」、1910年以降は「本邦人」中の「朝鮮人」として記載されている人々である。日本帝国の樺太領有時点で数十名の〈残留朝鮮人〉が居住しており、その後数年間にわたり大きな変化はなかったものの、1917年以降は川上炭山の朝鮮人労働者採用により急増し[52]、1922年には625人にまでいたる。1923年以降は大泊築港[53]と北樺太保障占領撤退[54]などを背景にさらに増加し、以後ほかのエスニック・マイノリティには見られない形の持続的人口増加を続け、戦時動員開始直前の1938年には統計上その人口が7,625人にいたる。

　樺太漢人についても、樺太領有時点で〈残留漢人〉が数十名居住していた。統計上は、1911年までは「清国人」、1912〜29年には「支那人」、その後は「中華民国人」として記載されている人々

---

49) E 氏への聞き取り調査による（2014年、札幌市）。
50) 前掲『現況』73-75頁。
51) 前掲『現況』77-78、80-81頁。
52) 前掲『移住型植民地樺太の形成』278頁。
53) 「築港人夫移入　日本人と朝鮮人」『樺太日日新聞』1922年9月29日など。
54) 前掲『移住型植民地樺太の形成』283-287頁。

である。1922年以降に人口の急増が見られ、それまで20人前後であったのが200人前後で数年間推移し、1926年には58人にまで縮小、その後、変動はあるものの60～180人の間で推移を続ける。ただし、1923年以降は、後述するように夏期・冬期間の人口格差が拡大するようになっている。

このほか、わずか数名であるものの、1930年以降は台湾人が、1935年以降は「満洲国人」が統計上確認できる。ただし、これらの人々については充分な資料が残されていないため、本論では対象としない。

2）樺太朝鮮人

樺太朝鮮人は、露領期からサハリン島に居住していた〈残留朝鮮人〉と領有後に移住した〈移住朝鮮人〉、戦時動員以後の渡島者である〈動員朝鮮人〉[55] に大別できる。1909年には統計上32人の朝鮮人が樺太に居住していた。現地紙『樺太日日新聞』に掲載された泊帆岸の全冒侑に関する記事[56] によれば、全は朝鮮咸鏡道出身で1890年にロシア人に雇われ昆布採取人夫として渡島し昆布・鰊漁出稼ぎ朝鮮人・漢人の取締役を任じられるようになり、先住民族を妻としていたため日露戦後も樺太に残留することを選んだ。全は、「新日本人の惣代」と称され、内地人の「姜」を持つなど、残留朝鮮人中の成功者として描かれている。日露戦終了時点で牛8頭、馬3頭を所有しており、経営的には成功していたと判断できる。

全は、前述の残留露国人らと同様に、日本による領有後に外国人として土地所有制限を受けたことに不満を表明している。しかし、全の場合、残留露国人と異なり、1910年の日韓併合により、日本帝国臣民として昆布漁や狩猟の許可が得られ資源アクセス権を回復し生活にも余裕が出るようになったと語っている。昆布漁については、軍政期の1905年に出された陸軍省告示第15号「樺太漁業仮規則」第17条において料金を納付して鑑札を受ければ漁ができると規定されており、これは1909年の庁令第19号「樺太漁業鑑札規則」[57] においても同様である。狩猟については、軍政期に資源保護の観点から住民一般に対して禁止の方針が出されている[58] ものの、1909年の庁令第28号「樺太狩猟取締規則」では免状制[59] とされており、制度上は外国人の排除が明文化されているわけではない。また、上述の通り、この時点では残留露国人の中には狩猟従事者がおり、必ずしも狩猟権の回復は日本帝国臣民の身分を要したわけではないと考えられる。したがって、資源アクセス権の制限は、制度面ではなく運用面でなされたと考えることができる。

記事によれば、残留朝鮮人は17人で内4人は智来に居住、妻帯者のうち内地人妻を持つ者2人、先住民族妻を持つ者が6人いた。1910年の『一斑』では、樺太残留朝鮮人の居住地と人数は、泊帆岸15人、フロチ4人、智来、小里各3人、豊原市街地2人、留多加、平野、阿幸、内幌、アトワ、泊居各1人、合計11ヶ所33名で、いずれも混住集落である。1910年時点で移住内地人との混住が

55）前掲「サハリン残留日本人」744頁。本稿では呼称を、「韓人」ではなく、「朝鮮人」で統一する。
56）以下、全と樺太残留朝鮮人については、『樺太日日新聞』1911年2月16日、同9月8日。
57）前掲『樺太法令類聚』551頁。
58）前掲『樺太施政沿革後編（下）維新以後』45頁。
59）なお、「本島在住ノ土人」については免状手数料も免除され、手続きも口頭を可能としている（前掲『樺太法令類聚』531頁）。

進んでおり、朝鮮人人口が最大の泊帆岸さえ内地人人口がその８倍以上で、朝鮮人人口が内地人人口を上回る集落は存在していない。

　その後、移住朝鮮人の増加に伴い、朝鮮人居住集落は各地に散在し、1926年までに約280集落に朝鮮人の居住履歴があるが、朝鮮人戸数が10戸を越える集落は14集落であり５％に過ぎない。冬期夏期間の大幅な格差はないが一定の開きは存在していた。たとえば、1925年では冬期と夏期の人口比率は、1.28であり冬期の方が朝鮮人人口が多く、冬期林業労働者の存在を示唆している。

　朝鮮人が居住している集落にはふたつの類型が見られる。ひとつは、１戸あたりの人数が数名のもので、これは家族を基礎とした定住世帯と考えられる。もう一方は、戸数がゼロから数戸、男性が大勢いるにもかかわらず女性が皆無であり、なおかつ数年の間に朝鮮人人口自体の激増と激減が起きている集落である。後者は、朝鮮人労働者が働く飯場が存在していた集落と考えられる。戸数ゼロは飯場の経営者が内地人の場合であろう。全体の傾向として、１戸あたりの人数は1920年をピークとして減少しており、これは内地人の場合[60]にも見られたように、朝鮮人労働者の居住形態が男性単独の飯場中心から、飯場から離れ家族を伴う定住への移行が起きていたと理解することができる。

３）樺太漢人

　露領期からの居住者である〈残留漢人〉についての現地紙の記事[61]によれば、これらの人々は、元々はロシア人に雇われた水産業従事者であり、張海なる人物は日露戦直後に牛11頭、ほか南遠節居住者が牛５頭を所有するなど、比較的裕福な者も存在していた。また、18人が南遠節と唐仏（登富津）に分居し、妻帯者のうち内地人妻を持つ者２人、先住民族妻を持つ者４人がおり、他のエスニック集団との通婚が見られた。帝国臣民として資源アクセス権を回復した朝鮮人に比べて「清人の方は全く独立の生活を為す事は出来なくなつて今では雇漁夫となつて居る」状況であった。

　漢人の人口規模が急激に大きくなるのは1922年以降であり、『一斑』によれば、夏期に比べ冬期の人口がはるかに少ない状況が現れる。たとえば、豊原支庁では1923年夏期には漢人は９戸693人だったのが同年冬期には０戸０人、1924年夏期には14戸953人が同年冬期には１戸７人、1925年夏期には７戸234人が同年冬期には２戸27人と変動している。

　この背景には、同時期には朝鮮人労働者の流入と定住が進行しており、樺太庁がこれに歯止めをかけるために内地の方針に反して、単年度許可の管理労働を条件に漢人労働者の導入を実施したことがあった。ただし、当初1931年まで期間を設定していたものの、雇用者側の利点が低下したため、1927年を最後に打ち切られることとなった[62]。

　1910年の混住状況に目を向けると、漢人が居住している明牛、苫舞、海馬島、遠節、仁多須はいずれも漢人居住者は１〜２戸で人口は３〜６人、明牛、苫舞には女性の居住者も見られ、仁多須

60）前掲『亜寒帯植民地樺太の移民社会形成』128-130頁。
61）「残留の清韓人（上）」『樺太日日新聞』1911年９月８日、「残留の清韓人（下）」同９月９日。
62）前掲「1920年代の樺太地域開発における中国人労働者雇用政策」。

を除けばすでに数十戸の内地人が居住し、漢人は人口的少数派となっている。仁多須は、漢人１戸３人、内地人４戸16人、朝鮮人０戸３人という構成であり、内地人の入殖が比較的遅かった地域とも言えよう。後に篤農家と称される吉田清五郎は、1912年にこの仁多須に入殖し、その際には当地の「支那人」から援助を受け、同年夏に宮城県の郷里へ家族を呼び寄せるために戻り、自身の親族だけではなくさらに15戸の新規入殖者を引き連れ仁多須へと帰還した[63]。『一斑』によれば、1926年には仁多須の内地人戸数は98戸、漢人は１戸であり、仁多須でも時間の経過とともに、移住内地人が圧倒的多数派となっていった。

　『現況』によれば、その時点で季節労働者を除く漢人は22戸66人であるものの、残留漢人は５人に過ぎず、残留漢人が減少していることになり、一方で増加した移住漢人は、主に農業や漁業に従事していた残留漢人と異なり、行商や飲食店経営者が主である[64]。1922年以降の市街地での定住傾向の発生と照らし合わせると、これら移住漢人はこうした市街地で居住していたものと考えられる。

４）樺太農林資源とアジア系住民

　移住朝鮮人の樺太林業労働市場への参入の様子は各種資料から見出せる。たとえば、野添憲治らが樺太出稼ぎ経験者に対して行なった聞き書きの中では、７名中５名が朝鮮人林業労働者および〈女郎屋〉を含むその周辺産業に従事する朝鮮人について言及している[65]。現地誌に掲載された林業労働者の座談会においても、飯場での娯楽（浪花節）について話す中で「近頃は大分半島の人なども増えてゐますから、彼等は言葉が分からないので」[66]という動員朝鮮人林業労働者についての言及が見られる。

　サハリン残留朝鮮人への聞き取り[67]の中でも、自身の親が樺太で林業労働に従事していたという事例が散見される。たとえば、Ａ氏の父親は1920年代末に林業労働者として知取へ渡り数年後に家族を呼び寄せ、Ｂ氏の父親は1920年代に恵須取へ渡り、夏はトラックで、冬は馬で木材運搬を担い、やがては家族も呼び寄せ、飯場を経営している知り合いの朝鮮人から融資を受け「女郎屋」を開業する。なお、Ｂ氏は豊原中学校に進学しており、Ｂ氏の一家が内地人も含めた樺太移民社会の中で比較的上層に位置していたことがうかがえる。また、恵須取生れのＣ氏の兄たちは1930年代には王子製紙恵須取工場の調材課に勤務し原木取り扱いに従事し、電気蓄音機も所有するなど比較的裕福な生活を送っていたとＣ氏は回想している。これらの事例からは、渡樺時に資力を持たない朝鮮人労働者であっても必ずしも労働市場の最底辺に停滞し続けていたわけではなく、樺太へ家族を呼び寄せ定住する現象が生じていたことがわかる。

　『一斑』によれば、1926年時点で朝鮮人が居住しているのは86集落で、このうち市街地や炭鉱は

63）前掲『篤農家講演集』31頁。
64）前掲『現況』82-83頁。
65）野添憲治、田村憲一編『樺太の出稼ぎ〈林業編〉』秋田書房、1977年、21-22、48-49、61-63、81、84、87、118、120-121頁。
66）「杣夫、山の生活を語る」『樺太』第13巻第４号、1941年、109頁。
67）以下Ａ、Ｂ、Ｄ氏の聞き取り（2009年、韓国安山市）、Ｃ氏の聞き取り（2015年、ロシア連邦ユジノサリンスク市）による。

14ヶ所であるから、朝鮮人が居住する農山漁村集落とその人口は72ヶ所1,355人であり当時の樺太朝鮮人総数の3分の1以上が農山漁村集落に居住していたことになる。また朝鮮人世帯が0戸であるにもかかわらず朝鮮人が居住している集落が11ヶ所あり、朝鮮人居住者はいずれも男性のみが1～9人であることから、内地人が経営する飯場で労働に従事していたと考えられる。一方で、世帯当たりの平均人数が5人より少ない集落は37ヶ所、10人より少ない集落は63ヶ所あり、飯場型よりも定住型居住形態が広く見られる。また、筆者のサハリン残留朝鮮人への聞き取りにおいても、1930年前後に渡樺し珍内で自作農として農業に従事していたというD氏の父親の事例が見られる。

　朴炳一による農場経営と朝鮮人入殖計画についてはすでに先行研究[68]でも詳述されているものの、そこで参照されていない資料も交えて再論しておきたい。朝鮮で商業を営むも事業に失敗し、極東で畜産業や林業経営を成し、ロシア革命後は北樺太へ渡り、その後に樺太へと移住した移住朝鮮人の朴[69]は、1925年に本斗町吐鯤保の農地300町の貸付を受け、「家の子郎党」24戸63名と入殖した[70]。『一斑』によれば、吐鯤保に朝鮮人の居住が始まるのは1924年冬期でこの時点では、1戸男92人女4人という飯場型の居住形態であったのが、翌1925年には12戸男32人女21人、そして1926年には24戸男56人女29人という定住型の居住形態へと移行していることが見て取れる。なお、大字吐鯤保下の字吐鯤保と字吐鯤保澤にはすでに約30戸の内地人がそれぞれ居住しており、後者には1928年以降樺太篤農家として顕彰される齋藤政次が居住していた[71]。

　朴はその後、丙東進と組んで朝鮮人集団入殖計画を立て「内鮮人の融和を図る一面に於て現在本島各地に放浪して労働に従事しつゝある同胞鮮人を一定の農耕地に収容し彼等に生活の安定を与ふるべく」本斗町の麻内、阿幸、遠節に約400戸分の農地貸付を受け入殖を進めるが、入殖地の立木がすでに処分されており、建築資材や営農資金として見込めなくなったため、入殖朝鮮人が役所に抗議するなど難航した[72]。吐鯤保も営農成績は芳しくなく1930年前後も朴が資金援助を継続している状況であった[73]。しかしながら、朴が1929年に樺太初の町村会議員選挙で地元トップ当選するなどして「鮮人部落の有力者としてのみでなく、次第に本斗地方の有力者として注目」[74]されていたことは重要である。

　朝鮮人自体は樺太庁が1912年以降募集した制度移民の前提とはされていないものの、そもそも制度移民自体が必ずしも樺太の農業開発の唯一の主力であったと言えず、林業労働者の定住化による農業入殖や、農業経営における林業労働を通じた兼業収入の重要性はすでに移住内地人についての分析の中でも指摘されている[75]。したがって、このような移住朝鮮人の農林資源への関わり方は、

68）前掲『移住型植民地樺太の形成』289-291頁。
69）同前、290頁。
70）藤井尚治『樺太人物大観』敷香時報社、1931年、168頁。
71）前掲『篤農家講演集』16-18頁。
72）「補助が尠な過ぎる為め開墾が出来ない　本斗の朝鮮人大挙して支庁長に陳情」『樺太日日新聞』1928年2月14日、「在本斗鮮人七十名の陳情の結果報告　第二期の運動に着手」同2月15日、「鮮人大会に就き　内容と動機に関し朴炳一氏語る」同1928年2月24日。
73）前掲『樺太人物大観』169頁。
74）同前、170-171頁。
75）前掲『亜寒帯植民地樺太の移民社会形成』130-134頁。

移住内地人のそれと大きく変わらなかったと言える。

　漢人の場合は1920年代に流入した労働者は定住人口にはつながらず、またその後に大規模な人口流入も生じなかったため、1930年代になっても漢人人口は100名前後で推移していた。1937年5月時点の樺太中華商会会員名簿によれば、会員の90人のうち、商業従事者が62人であり[76]、この商業従事者も呉服の行商などが主であり、外部の華僑社会とネットワークを有して海産物流通などに関与しているわけではなかった[77]。移住漢人については、樺太の農林資源とほとんど接点を持っていなかったと言える。

４．先住民族系住民

１）概要

　樺太の先住民族としては、主に南部に居住域がある樺太アイヌと、北部に居住域のあるウイルタ（オロチョン、オロッコ）、ニヴフ（ギリヤーク、ニクブン）、エウェンキ（キーリン、ツングース）、サハ（ヤクーツ、ヨッコ）、ウリチ（サンダース、サンダー）が挙げられる。1910年時点での先住民族の総戸数は407戸、総人口は2,103人であり、男女比も均衡しており、その後も樺太アイヌは1,200〜1,500人程度、ウイルタが300名程度、ニヴフが100〜150名程度、その他が数名から数十名の間で推移し続ける。

　1926年12月に北樺太から半ば亡命するように家族や使用人等19人と馴鹿300頭を引き連れ樺太へ「密入国」し[78]、野心的に経済活動とサハ自治国家建設のための政治活動に邁進したヴィノクーロフは大陸出身のサハであり[79]、先住民族の〈移住者〉であった。

　樺太アイヌについては、初期から各地での集住政策が進められ、「土人教育所」での日本語教育などが施され、こうした先住民族政策費用は「土人漁場」という制度によって捻出された。それ以外の先住民族については、1920年代半ばに敷香町のオタスに集住させる方針がとられ日本語教育も実施されるようになった[80]。

２）樺太アイヌ

　樺太アイヌには、樺太千島交換条約を受けて北海道へ移りそこで日本の戸籍に編入されその後また樺太へ戻った「帰還グループ」と、条約時からそのまま樺太に残った「残留グループ」とが存在する[81]。しかし、当局は両者を樺太のアイヌとして扱い統計上も前者は「内地人」ではなく「アイヌ」として集計されていたし、先住民族の中では樺太アイヌのみ、1933年に全員が内地戸籍に編

76）前掲『戦争と華僑』80頁。
77）前掲「樺太華僑史試論」166-168頁。
78）前掲『現況』90頁。
79）前掲『トナカイ王』。
80）田村将人「サハリン先住民族ウイルタおよびニヴフの戦後・冷戦期の去就」蘭信三編著『帝国以後の人の移動：ポストコロニアリズムとグローバリズムの交錯点』勉誠出版、2013年、214-215頁。
81）田村将人「先住民の島・サハリン：樺太アイヌの日露戦争への対処」原暉之編『日露戦争とサハリン島』北海道大学出版会、2011年、102頁。

樺太のエスニック・マイノリティと農林資源：日本領サハリン島南部多数エスニック社会の農業社会史研究

大きされたものの、それでも統計上ではアイヌの人数は把握され続けており、実質上は様々な面で内地人とは異なる扱いを受け続けていた[82]。

1910年時点で樺太アイヌは63集落に居住していた。このうち51集落で内地人との混住が見られ、そのうち残留露国人と朝鮮人も居住しているものがそれぞれ6集落ずつ、漢人も居住しているものが5集落あり、31集落まではすでに内地人の人口が樺太アイヌを凌駕している。1908年に樺太アイヌの集住地である「保護部落」が4ヶ所設定されており[83]、「一班」によれば1910年時点で樺太アイヌは多蘭泊42戸、柴子舞20戸、登富津21戸、智来33戸の居住が見られ、内地人が数戸しか居住していない智来や多蘭泊では樺太アイヌが人口的多数派であった。

1926年の各保護部落の居住状況に目を向けると、多蘭泊78戸、登富津20戸、智来19戸、落帆29戸、樫保10戸、新問17戸、白浜60戸で、柴子舞については1920年に多蘭泊に統合され[84]、樫太アイヌの居住が見られなくなっている。樺太アイヌ人口が内地人口よりも多いのは、多蘭泊、白浜、智来のみである。智来のみで樺太アイヌの居住が見られるものは保護部落含め37ヶ所であり、確かに集住が進んでいるものの貫徹されているわけでもなく、無人の地に保護部落を新設した白浜[85]を除いても、1910年には樺太アイヌ居住者がいなかった25ヶ所で、1926年には新たに樺太アイヌの居住が見られ、そのうち9集落は樺太アイヌが1世帯しか見られないことから、樺太アイヌの居住地の移転が保護部落以外へも発生し、しかも世帯単位での居住地選択が行なわれていた可能性が示唆される。また、移住内地人との混住が見られない集落も3ヶ所まで減少している。

3）その他の先住民族

1910年時点でニヴフは7集落、ウイルタは10集落、エヴェンキとサハハはそれぞれ1集落に居住し、6集落で先住民族間の混住が見られる。いずれの集落においても先住民族以外のエスニック・グループとの混住は見られず、樺太アイヌと比べれば、内地人との接触度合いは極めて小さかったと考えられる。

1926年になると、ニヴフは4集落、ウイルタは9集落、エヴェンキは2集落に居住している。サハは1924年以降記載がなくなっている。1940年時点のデータからも指摘されているように、オタスーヶ所への集住が徹底されているわけではなかった[86]。1926年段階の樺太アイヌを除く先住民族の最大の集住地は、26戸161人の保恵であり、オタスを含む数香の14戸66人の2倍に相当する規模となっている。内陸部の保恵を除けば、多来加湾沿いの9集落に居住は限定され、1910年に見られた西海岸の名好支庁での居住が見られなくなっている。1910年との大きな違いは、内地人との混住が見られないのが2集落まで減少したことであり、時間の経過とともに移住内地人の進出が起きている。

82）田村将人「樺太庁による「土人漁場」を中心とした先住民政策」『北方の資源をめぐる先住者と移住者の近現代史：北方文化共同研究報告』北海道開拓記念館、2010年、70–74頁。

83）田村将人「白浜における集住政策の意図と樺太アイヌの集住化」『北海道開拓記念館研究紀要』第35号、2007年、87頁。

84）田村将人「樺太庁による集団移住政策の意図と樺太アイヌの反応」『千葉大学ユーラシア言語文化論集』第5号、2002年、235頁。

85）前掲「白浜における集住政策の意図と樺太アイヌの集住化」『樺太庁による集団移住政策の意図と樺太アイヌの反応』2007年、91頁。

86）前掲「サハリン先住民族ウイルタおよびニヴフの戦後・冷戦期の去就」216–291頁。

４）樺太農林資源と先住民族系住民

　樺太アイヌも領有により資源アクセス権に大きな制限を受けることとなった。露領期においては、ロシア帝国臣民として定置漁場の入札権を持ち、残留グループの５名が漁業権者あるいは経営者として、外国人であるために入札権を持たない日本の漁業者と組んで漁業活動を展開していた[87]。しかし、日露戦争により日本軍がサハリン島を占領すると、ロシア帝国臣民の漁場は没収され、それをめぐる競争入札が行われ、ロシア帝国臣民として漁業権を有していた上述の樺太アイヌたちも漁業権を喪失した。この競争入札に際して日本帝国臣民が入札権を持つのであれば、帰還グループも入札権を有するはずであるが、実際には樺太アイヌ全般が排除された。なお、この際には、内地人の零細漁業者も排除されていた[88]。

　その後、樺太庁は樺太アイヌら先住民族には経営能力がないとして、内地人漁業経営者に樺太物産株式会社を組織させその管理人を樺太庁長官が兼務する土人漁場の開設を各地で行なった。ここでの収益は、教育なども含めた先住民族政策のための「土人保護費」に充てられた。ただし、〈保護〉はあくまで名目であり、実態としては露領期に閉鎖された内地人漁場の復活であり、大規模漁業家に優先的に割り当てられた[89]。

　しかしながら、樺太アイヌの労働の場は、こうした土人漁場に限られていたわけではなかったことが事例から確認できる。たとえば、前掲の林業労働者への聞書き集では、樺太での林業出稼ぎ経験者が1930年代の話として、現場を任された際に「アイヌ系の人だの、ギリヤークの人たち」を使役し、賃金要求が低いために給料が一般労働者の３分の１程度で、時には酒の現物支給であったにもかかわらず自ら「使ってけれ」と言ってよく働いたことを述べ、1920年代から樺太の出稼ぎ経験がある別の内地人は労働の効率性から自分の飯場では「ジャコもアイヌも、ほとんど入れなかった」とあえて言っていることや[90]、引揚者Ｅ氏が、親が経営していた造材業や馬搬業の人夫の中にアイヌの夫婦がいたことを語っていること、そして白浜出身のある樺太アイヌ自身も1930年代に「造材山」での馬搬や内淵川での流送に従事したと語っている[91] ことから、樺太の林業労働市場への先住民族、とりわけ樺太アイヌの参入が日常化していたと考えられる。また、ヨーロッパ系住民の中にも林業労働従事者の事例が見られ[92]、林業労働市場が広く開かれていたことが分かる。

　樺太庁は保護部落をはじめ各地に土人教育所を開設したほか、漁業だけでは生活が不安定になるため、農業指導や犬橇業開業のために「指導事務所」を開設し樺太アイヌの集住と生活安定を促した[93]。実業教育という点では、樺太アイヌや樺太朝鮮人にも職業学校への門戸は開かれており、たとえば、本斗水産学校卒業生であるＣ氏によれば、1940年代の本斗水産学校には朝鮮人や樺太ア

87）前掲「先住民の島・サハリン」106-107頁。
88）田村将人「日露戦争前後における樺太アイヌと漁業の可能性」『北方の資源をめぐる先住者と移住者の近現代史：2005-07年度調査報告』北海道開拓記念館、2008年、99-100頁。
89）前掲「樺太庁による「土人漁場」を中心とした先住民政策の概要」74-76頁。
90）前掲『樺太の出稼ぎ』112頁。
91）藤村久和、若月亨『ヘンケとアハチ：聞き書き樺太での暮らし、そして引き揚げ』札幌テレビ放送、1994年、150頁。
92）前掲『樺太に生きたロシア人』77頁。
93）前掲「白浜における集住政策の意図と樺太アイヌの反応」92-94頁。

イヌが在籍していた。

　戦時になると、樺太庁や農業技術者たちが樺太特有の農林資源への関心を持つようになる。たとえば、1940年に刊行された樺太庁博物館叢書第1巻『となかひ』の執筆者である中央試験所技師の広瀬国康が馴鹿に着目したのは、主に樺太北部に広大に広がるも農林資源価値のないツンドラ地帯の有効利用のためであった。ツンドラ地帯に自生する地衣類を飼料とする馴鹿を繁殖させ、運搬用の役畜としてだけではなく、その毛皮や乳、肉などまで利用する用畜としても利用することで、「寒地農業の興隆」が期待でき、なおかつ、研究を深めその管理を先住民族に任せ「保護指導助成の恩恵に浴」せしめることは「土人保護の政策」としても意義が大きいと広瀬は述べる[94]。

　1941年に開設され中央試験所敷香支所は、「北方特殊動物資源」として馴鹿に着目しその研究を開始した[95]。具体的には、先住民族から買上げや借上げをして調達した馴鹿を、先住民族を雇って管理させ、馴鹿の繁殖試験や、実際に先住民族の行なっている飼養方法や利用方法の実地調査などを実施した[96]。その結果、現行の飼養方法は「鹿群ヲ逐ヒテ人間ノ移動追随スル原始生活様式ト称シ得ベ」きものであり、その樺太での実用のためには「日本人生活ニ即セル科学的集約養鹿法ヲ考究立案」する必要があると結論付けている[97]。また、利用方法の調査に関しては、「邦人ト接触スルニ随ヒ急激ニ其ノ生活様式ヲ変化シ邦人ヲ模倣スル自由労働生活ニ入リ、所有馴鹿ヲ失ヒ現在馴鹿ヲ利用シツヽアルモノハ、ヤクート人ウイノクロフ並ニ若干ノ先住民ニ過ギズ」[98]という状況であり、先住民族の労働市場への参入と、その結果としての在来生業体系の崩壊が述べられている。

　これについては、ウイルタのゲンダーヌが幼少期には養父からアザラシ猟の訓練を受けたものの、オタスの土人教育所を卒業して臨時雇員であるにせよ支庁のホワイトカラー職に就いたことや、同様に土人教育所卒業生の多くが漁業や林業、農地開拓などに「土人事務所の世話で出稼ぎに出る」[99]という話、そして前述の先住民族の林業労働者の話とも符合する。樺太庁が産業化のために先住民族の在来生業体系を本格的に調査しようとした時には、自身が促進した先住民族の近代化により、それが困難になりつつあったことは皮肉である。ただし、馴鹿が運搬用の役畜としての実績を有していたことは看過してはならないだろう[100]。

　北方特殊動物資源としては、「樺太犬」の調査も行なわれた。樺太において犬は役畜として領有当初から大きな役割を担い[101]、役畜としての馬の普及から次第にその影に隠れはしたものの[102]、

94）広瀬国康『となかひ』樺太文化振興会、1940年、15-16頁。
95）前掲『亜寒帯植民地樺太の移民社会形成』213頁。
96）樺太庁中央試験所『業務概要　昭和十六年度　敷香支所』樺太庁中央試験所、1943年、5-14頁。
97）前掲『業務概要』8-9頁。
98）同前、10頁。
99）前掲『ゲンダーヌ』37-38、63、66頁。
100）前掲『業務概要』と前掲『トナカイ王』（133、140頁）を照合すると、ヴィノクーロフは、馴鹿の運搬業だけではなく、敷香支所への馴鹿の売却や管理、施設の建設などを請け負って使用人たちに従事させるなど樺太における馴鹿関連事業に深く関与していたと考えられる。
101）田村将人「樺太アイヌの犬橇輸送に関する資料」『北方地域の人と環境の関係史　2011-12年度調査報告』北海道開拓記念館、2013年。
102）たとえば、ある農村集落の調査記録で、1928年には見られた役畜としての犬についての記述が、1940年前後には見られなくなる（前掲『亜寒帯植民樺太の移民社会形成』122頁）。

犬橇などの形で冬期の運搬用役畜として用いられ続け、また「軍事用家畜」としての利用も始まっていた。ただし、この時点で雑種化が進んでいた[103]。

　また、敷香支所は「北方特殊植物資源」にも着目し、先住民族の野生植物の利用法の調査も行なった。農林資源の極端に乏しい地域でもウイルタなどの先住民族たちが自給的生活を継続している以上は、利用価値のある植物種が存在するはずであるから、その「極北作物化」を図ろうとしたのである。しかし、結果としては当該地域では先住民族固有の植物利用方法はほとんど見られず、動物資源から生活に必要な物資を供給していることが判明し、栽培作物化の研究は断念せざるを得なかった[104]。

5．総括

　樺太農林資源とエスニック・マイノリティの関係性について、本論冒頭に掲げた人口、市場、技術の３つの側面からまとめることで、本論の総括とする。

　農山漁村集落における人口動態を『一斑』などの統計から字レベルで分析すると、領有後、内地人移住者が先住者居住集落へ移住することで混住化が急速に進んだことが明らかになった。領有20年を経た1926年時点で、内地人との混住が見られない集落は先住民族集落５ヶ所のみにまで減少した。さらに、『調査書』や『現況』などの樺太庁資料、現地メディア資料からは、領有初期からエスニック・マイノリティ先住者の農林水産資源へのアクセス権の制限が制度・運用両面から実施され、内地人移住者に便益を与えるように仕向けられていたことが明らかになった。

　樺太の農林業労働市場には、先住民族を含めエスニック・マイノリティが参入する事例が見られた。とりわけそれが顕著であったのは、朝鮮人移住者であった。朝鮮人はエスニック・マイノリティの中では比較的早い段階から日本帝国臣民としての地位を得ている集団であり、定住化や飯場経営者の存在など、実態としても内地人移住者と同様の展開を見せていた。また、ヨーロッパ系住民の中には、パンや畜産加工品の製造を行ない、供給者として食品市場に参入する事例も広く見られた。

　技術という面から見れば、樺太農政においても農村の生産現場においても、領有初期を除けば、在来農法や品種がひろく取り入れられるという現象は見られず、むしろそれらは次第に駆逐されていった。それは内地の在来農法・品種の導入による〈内地化〉というよりも、近代的な農法や優良外来品種の導入による〈近代化〉の結果とも言えよう。ヨーロッパ系住民については、在来農法・品種が比較的維持されたが、〈保護〉の対象とされた先住民族系住民は、混住化と市場接続の進行にともない次第に従来の生産様式を喪失していった。ただし、領有初期において、大陸帰還者が放置して行った牛馬、残留露国人が提供した在来品種や営農への助言などが内地人移住者の定着に与えた影響や、交通インフラの未整備である樺太において雑種含む樺太犬や馴鹿が果たした役割は看過すべきではないだろう。

（なかやま・たいしょう／京都大学）

103）前掲『業務概要』14-15頁。
104）同前、16-17頁。

【研究ノート】

場所請負と漆器

浅倉　有子

はじめに

　近世アイヌにとって、漆器は宝器であり、また祭具として極めて重要な物品である。アイヌが用いた漆器に関する研究は、考古学を中心に行われている[1] が、文献史学の研究は未だ少ないのが現状である。これは、主に漆器関係史料の残存が良くないことに起因していると考えられる。近世の漆器産地が、現代も漆器生産地であるとは限らず、また商人・職人関係史料は、一般に権力側の史料と比較して残存が良くない所為による。他方、美術史ではアイヌが用いた漆器は従来「雑器」として扱われる傾向にあった。

　漆器は、文献史学のみではなく、前述の考古学、また民族（俗）学、美術史のみならず、塗膜の科学分析など、複数分野の共同研究が不可欠な領域である[2]。

　本稿においては、上記の漆器研究の現状に鑑み、漆器の文献史料として有効な場所請負商人関係史料数点を紹介したい。筆者は既に前稿において場所請負商人関係史料の有効性を指摘しているが[3]、この間あらたな史料を入手したので、以下でそれらの紹介を行っていく。

　筆者は前稿において、アイヌが椀や盃台以外にも、行器、耳盥、湯桶、柄杓など多様な漆器を用いたこと、さらに19世紀前半になって、アイヌに使途を特定した漆器として、同じ仕様の盃台と盃が一組となった製品、すなわち「台盃（だいはい）」が生産されるようになったこと、恐らく18世紀末の幕府による蝦夷地政策の展開の中で（田沼期の「御試交易」、あるいは寛政の「御救交易」によって）、椀（盃）の容量を2合半とする規格が導入されたことを論じた。あわせて、2合半の規格の成立が、アイヌ向けに生産・出荷される椀の規格として、椀の生産者や商人を規制したことを論じて来た。

　以下、若干の場所請負商人関係史料から、漆器の記載を紹介していく。

2　場所請負と漆器─西川家史料の紹介─

　場所経営には、大量・多様な漆器が必要である。一例として、滋賀県立大学所蔵の西川家文書から「エトロフ御場所請負中日記　近江屋久兵衛」の一部以下に掲げる。まず、留意したい問題がある。『近江八幡の歴史』第5巻[4] によると、西川家は、「天保八年（一八三七）には、近江商人の藤野家・岡田家と共同で択捉場所を請け負い、近江屋惣兵衛と称し営業を行った」とする。『北海道の地名』[5] では、それを天保九年とし、「藤野喜兵衛・西川順兵衛・岡田半兵衛」が請け負ったとする。「エトロフ御場所請負中日記」を確認したところ、史料の冒頭部が、「天保七年酉十一月

エトロフ場所之始末」と、本来八年とすべきところを「七年」とした誤りから派生した誤解と思われる。同史料の別な個所では、「戌年正月元日ゟ御引渡ニ相成候」と、戌年、すなわち天保九年正月に引き渡すと明記されている。したがって、エトロフ場所の経営は、天保九年からと考えられる。さらに、近江屋惣兵衛ではなく、前掲の史料には、「近江屋久兵衛」と明記されているので、これも誤りである。この２点をまず確認したい。本稿では、近江屋久兵衛として、以下論じることにする。

さて、丑年（天保12年）に近江屋久兵衛は、エトロフ場所経営に必要な物資を諸国に注文した。その後、廻船がこれらの商品を回収して現地へ運んだものと考えられる。史料群名である西川家は、近江八幡を本拠とする有力な近江商人で、17世紀半ばに松前に渡り、その後タカシマ場所、ヲショロ場所等の経営に携わった。

では、同史料の諸国への注文部分の概略を以下に掲げる。

［史料１］

　　　　　　丑年エトロフ場所ゟ之注文諸品諸国ヘ注文之仕分左之通、但場所仕込物也

　　京都注文

　　近熊江向注文

一、紗綾　　　黒弐反・花色弐反　　　　　一、花色□□　　弐十反

一、木綿針　　壱匁廿疋　　　　　　　　　一、万金丹　　　百貼

一、紫金錠　　五十帖　　　　　　　　　　一、無二膏　　夏・冬　四百具

一、突錠　　　四寸三張・五寸弐張

　　　　　　　　〆

　　大坂注文

近江屋熊蔵殿ヘ御注文又十が店也

一、△酒　　　七拾挺　　　　　　　　　　一、醤油　　　弐斗入五拾樽

一、酢　　　　弐斗入八樽　　　　　　　　一、しらけ大麦　四斗入五俵

一、塩　九千俵　漁年ハ弐万俵・休年ハ壱万五千俵　一、珠呂綱　　　拾弐房

　　　　但弐万之内㊀ニ有分四千俵、七千俵地買之分　　　　但し打ヲロシ三十尋、大サ四扱回

（中略）

一、白木綿　　弐百反　　　　　　　　　　一、紺木綿　　　四百三十反

一、絞取合　　百五十反　　　　　　　　　一、布段嶋　　　四十反

　　（中略）

一、刷毛　　　拾五枚　　　　　　　　　　一、並杉はし　　弐千五百

一、極上片細はし　　弐千五百　　　　　　一、朱塗はし　　百ぜん

　　（中略）

一、生漆　五十匁入　弐曲　　　　　　　　一、黒目漆　　五十目入　　四曲

　　（中略）

一、三組盃台共　　　弐組　　　　　　　　一、大平　八寸　　壱つ

一、高継くわし台　　三つ　　　　　　　　一、黒茶台　　　　十

一、箱膳　　廿人前　　　　　　　一、白木丸飯継　　三つ
　　　　　　　　　　　　　　　　　　　竹之輪掛かふせふた、差渡尺五六寸之処

　　江戸注文

　　（中略）

一、新暦　十弐冊

　　（中略）

一、春慶重鉢　　　尺三つ・七寸三つ
　　　　〆

　　江州注文

　　（中略）

　　敦賀・三国注文

　　（中略）

　　越後注文

　　綱屋長蔵殿への注文

一、大板付　　千五百把　　　　　一、小板付　　　　　百把

一、惣黒平斗リ　ふた共ニ　　五十　一、黒重鉢斗リ　杓子共　　拾斗

一、同杓子斗　　　　　拾本　　　一、通盆　　弐枚入　五組

一、同湯当斗リ　　　　三つ
　　　　〆

　　板屋仁之助殿へ之注文

一、鱒袋網三百間　　　　　　　　一、鮭二脇網二百間
　　　但糸拵三ツ合目心弐寸、横五十目　　　但糸拵三ツ合目心弐寸五分、横五十目
　　　　　〆

　　嶋屋伊左衛門殿へ之注文

一、鱒一脇網六百間　　　　　　　一、鮭一脇網四百間
　　　但糸拵三ツ合目心弐寸、横五十目　　　糸拵三ツ合目心弐寸三分、横五十目
　　　　　〆

（中略）

　　　輪嶋注文

　　三笠屋儀助殿へ注文

一、吸物膳椀　　　　廿人前　　　一、皆朱四ツ斗リ　　　五人前
　　　　　但皆朱ニ而椀ハ梅形

一、坪斗リ　　　　五人前　　　　一、平ふた斗リ　　　　三ツ

一、御鉢斗　　　　五ツ　　　　　一、通盆斗リ　　　二枚組　五組
　　　　台杓子共

一、杓子斗リ　　　十本　　　　　一、惣黒汁わん斗　ふた付　　十

　　一、平斗リ　ふた付　　廿　　　　　　　　一、外黒内朱重箱　　六寸　三組
　　　　〆

　引用史料でも明らかなように、近江屋久兵衛は場所経営に必要な様々な物資、漁網や塩、味噌・
醤油、梅干などの食料品、衣料品、剃刀や鋏、擂鉢、皿・丼類、薬、半紙や墨、硯等々を注文して
いる。近江屋久兵衛が京都、大坂、江戸、出身地の近江、敦賀・三国、越後、輪島、酒田、佐渡、
南部、加茂に注文しているこれらの物品は、膨大な量と種類に及んでいる。京都と大坂での注文人
の「近江屋熊蔵」は、藤野（木白屋）の大坂における名前である⁽⁶⁾。藤野は、近江国愛知郡日枝村
の出身で、大坂では、文政２年（1819）に成立した松前問屋に所属していた。漁場経営に必須であ
る漁網の多くは、越後への注文で、一部を史料２として引用したが、鱒袋網300間、鮭二脇網200間、
鱒脇網600間など、12種類に及ぶ。

表1　天保12年（1841）エトロフ場所　仕込物の内　漆器関係

	品目	数量	注文地	業者名	備考備考
1	朱塗はし	100ぜん	大坂	近江屋熊蔵	又十の店
2	生漆	2曲	大坂	近江屋熊蔵	50匁入
3	黒目漆	4曲	大坂	近江屋熊蔵	50目入
4	三つ組盃台共	2組	大坂	近江屋熊蔵	
5	高継（坏?）くわし台	3つ	大坂	近江屋熊蔵	
6	黒茶台	10	大坂	近江屋熊蔵	
7	箱膳	20人前	大坂	近江屋熊蔵	
8	春慶重鉢	3つ	江戸	―	尺
9	春慶重鉢	3つ	江戸	―	7寸
10	惣黒平斗り	50	越後	網屋長蔵	ふた共に
11	黒重重斗り	10斗	越後	網屋長蔵	杓子共に
12	黒杓子斗り	10本	越後	網屋長蔵	
13	通盆	5組	越後	網屋長蔵	2枚入
14	黒湯当斗り	3つ	越後	網屋長蔵	
15	吸物膳椀	20人前	輪島	三笠屋儀兵衛	皆朱にて椀は梅形
16	皆朱四ツ椀斗り	5人前	輪島	三笠屋儀兵衛	
17	坪斗り	5人前	輪島	三笠屋儀兵衛	
18	平ふた斗り	3つ	輪島	三笠屋儀兵衛	
19	御鉢斗り	5つ	輪島	三笠屋儀兵衛	台、杓子共
20	通盆斗り	5組	輪島	三笠屋儀兵衛	2枚組
21	杓子斗り	10本	輪島	三笠屋儀兵衛	
22	惣黒汁椀斗	10	輪島	三笠屋儀兵衛	ふた付
23	平斗り	20	輪島	三笠屋儀兵衛	ふた付
24	外黒内朱重箱	3組	輪島	三笠屋儀兵衛	6寸
25	かもかも	100組	酒田	小山屋八右衛門	三つ入子
26	壱ツ椀	4箇	南部	―	300入
27	ひさけ	120	南部		大斗り
28	かもかも	50組	松前・箱館	又十に有合の品相廻分	三つ入子
29	春慶皆輪?	4組	松前・箱館	又十に有合の品相廻分	大坂内?
30	三つ組台盃	3組	松前・箱館	又十に有合の品相廻分	
31	大平	2つ	松前・箱館	又十に有合の品相廻分	
32	朱平	10斗	松前・箱館	又十に有合の品相廻分	

　これらの内、本稿の関心である漆器に注目して作成したのが表１である。史料にも引用したように、大坂の近江屋熊蔵へは儀礼用の三組盃や箱膳20人前などを、江戸で透き漆を塗って木目を活かす春慶塗の重鉢を注文し、越後では、全体を黒漆で塗った「惣黒」の「平」を50、黒漆塗りの重ね鉢などを発注している。また、輪島で吸物膳椀を20人前、全体が朱塗りの「皆朱」の四つ椀を５人前求めた。四つ椀は、飯椀と吸物椀、それらの蓋（皿にも利用）のセットである。他に「坪（壷）」椀５人前、平椀20などが発注された。輪島で入手する漆器[7] は、商売用としては数が少ないことから、接待用と判断される。また出羽の酒田では、「かもかも」100組が求められている。かもかもは、大中小の三つからなる筒状の容器で、酒田を特産地としていた[8]。あわせて南部藩領からは、１箇300入りの「壱ツ椀」が４箇と、「ひさげ」120が持ち込まれた。どちらも汎用品である。さらに、松前・箱館の柏屋喜兵衛方からは、有り合わせの台盃３組、かもかも50組などが持ち込まれた。

　多様な漆器が場所請負に必要であったことが判明する。接待用を含む運上屋で使用するための漆器、アイヌとの交易用の漆器である。興味深いのは、大坂から生漆２曲と黒目漆４曲が待ち込まれていることである。前稿[9] でも指摘したが、運上屋の近辺には塗師屋が居住しており、おそらくアイヌからイクパスイへの塗りを依頼されたものと考えられる。博物館現有資料にも、漆が塗られたイクパスイが現存しており[10]、商人はこのようなアイヌのニーズに応えるために生漆などを持ち込んだものと推測される。漆芸家の室瀬和美氏によれば、もちこまれた漆の量は極く僅かなもので、修補に使用する程度の量であるとのご教示を頂いた。

3　場所請負と漆器─林家史料の紹介─

　次に紹介するのは、北海道博物館所蔵林家文書のうち、「（ヨイチ場所仕込品値段等書上帳綴）」の一部「ヨイチ御場所残り物引請帳」である。この史料は、林家が又十印（柏屋喜兵衛）からヨイチ場所を引き継ぐにあたって作成したもので、文政８年（1825）６月付の史料である。以下に漆器関係を抜き書きしておく。なお、林家は出羽国塩越の出身で、文化元年（1804）にはじめて松前に渡り、屋号を竹屋と称した。その後、次第に財力を蓄えて場所請負商人となる、後発の商人である。文政元年からアツケシ場所を請負い、さらにそれを返上してヨイチ場所を請負った。

［史料２］
　ヨイチ御場所残り物引請帳、又十印ゟ請取諸品書

　一、蝦夷椀　　　弐百四拾壱ツ
　一、同痛椀　　　弐ツ
　一、大坂柄杓　　四拾三
　一、坂田二ツ組同　　　六ツ
（中略）
　一、皆朱吸物椀　拾人前＊
　　　　但しふち（藤）もよふ付

　　　一、半紙　　　　　　八束
　　　一、黒膳椀拾人前＊
　　　　　　　　但し坪・平附
　　　一、めかこ　　　　弐ツ
　　　一、痛夷台盃　　　　弐ツ
　　　　　　　　但し黒・赤
　　　一、巴もよふから草附台盃　　　五組
　　　一、松竹梅附同　　　　三組
　　　一、鉄仙附同　　　　三組
　　　一、菊水附同　　　　　四組
　　　一、ふともよふ附同　　　四組
　　　一、同つか黒　　　　弐ツ
　　　　　　　　但し丸ニかたはみ紋付
　　　一、同花菱紋付　　　弐ツ
　　　一、同角花菱紋附　　　弐ツ
　　　一、同桐紋付　　　壱ツ
　　　一、小田原同　　　壱ツ
　　　一、小桐もよふ附丸鉢　　　壱ツ
　　（中略）
　　　　　　酉六月
　　　　　　　　柏屋勘五郎殿
　　　　　　　　同市兵衛殿

　場所の引継に際して、多様な漆器もまた引き継がれていることがわかる。史料２中の241個を引き継いでいる「蝦夷椀」は、前掲史料で南部藩領から積み込んだ「壱ツ椀」と、同じ商品を指していると考えられる。図１は、新ひだか町立博物館所蔵の椀で、南部椀と同じ顔料、ベンガラによる彩色がされている。汎用品と考えられ、ゆがみも著しい。藪中剛司氏はこのような椀類を「蝦夷椀」（また「夷椀」等とも称する）と、想定されている[11]。他方、史料２中で＊を付した、それぞれ10人前の皆朱吸物椀と黒膳椀は、接待用であろう。

　この史料で最も興味深い点は、台盃の文様が記されていることである。台盃の文様が判明する史料は少なく、筆者が以前に論じた[12]、

図1

西川家が京都の職人と推測される松屋に発注した、極めて詳細な台盃の仕様書もあるが、類例は多くはない。史料2は、巴模様唐草附の台盃、松竹梅附の台盃、鉄仙附の台盃、菊水附の台盃など、博物館現有資料と文様が一致するものが示されている。図2として、新ひだか町博物館所蔵の巴模様唐草の盃台（台盃の盃台部分）を掲げた。また、史料2として引用はしなかったが、古道具の「梨子地夷盃弐組」にも銭3貫文の値が付いている。梨子地の台盃も、博物館現有資料に散見される。

図2

　これらの漆器は、船によって蝦夷地に搬入されたが、同じ林家文書で、漆器の輸送に関する興味深い史料が存在する[13]。文政元年6月17日、アツケシ場所への物資輸送に関する史料である。

［史料3］
　六番能州四十物屋江蔵船永福丸積仕入物
一、新庄米百七拾弐俵　　取升三斗九升弐合
　　　　改拾俵　平均目形百五拾貫四百匁　船方渡斗立三斗八升九合廻シ
一、越後米百俵　　取升四斗弐升五合
　　　　改拾俵　平均目形百六拾九貫四百匁　船方渡し斗立四斗九升廻し
一、大山酒弐拾三樽
　　　　惣め形百九拾五貫七百目　　壱樽平均八貫五百八匁ならし
（中略）
　　　弐番
一、黒行器　　紋所ふせん蝶　　壱箇
　　　　入日記　黒内朱蒔絵台盃　　拾組
　　　三番
一、同　　　　紋処五用杜子　　壱箇
　　　　入日記
　　　黒内朱台杯　　拾五組
　　　錫耳金　　　　五拾揃
　　　同新形　　　　三拾揃
　　　同やうらく付　　廿揃
　　　四番
一、同　　　紋処違鷹羽　　壱箇
　　　　入日記

　　　　黒内朱台盃　　拾六組

　　　　五番
一、　同　　　　　壱箇　紋処菊

　　　　内入日記

　　　　黒内赤台盃　　九組

　　　〆

　　　山上（商標）

一、　鴨々　　　　四拾組

　上記のように、能登の四十物屋江蔵の船・永福丸で運んだ、蝶模様を付した黒塗りの行器の中に、外側が黒塗り、内側が朱塗りの蒔絵の台盃10組を納めていることがわかる。同様に違鷹羽紋の行器に黒内朱台盃が16組、菊模様の行器に黒内赤の台盃が9組納められている。赤と朱が使い分けられているとすると、赤は顔料のベンガラを指すのであろうか。また、五用杜子は、杜若の品種を指すのであろうか。漆器の中に漆器を収めるのは、漆器が傷つかない配慮と考えられるが、興味深い運送方法である。また、行器の中にアイヌの人々が用いるピアスであるニンカリも収納されており、興味深い。さらに、同じ史料中に、「砥の粉　五ツ」が移入されていることが確認できる。砥の粉は、刀の研ぎや漆器の下地に利用されるものである。

おわりに

　極めて雑駁な紹介であるが、場所請負商人関係史料から漆器史料数点を紹介した。他にも場所請負商人関係史料からは、儀礼で使用する漆器やその使用法、下賜品としての漆器など、様々な情報を得ることができる。また、場所のアイヌ一人別の勘定帳[14] なども存在する。これらの史料を用いて今後アイヌと漆器の関わりの解明がさらに進むことを祈念したい。

註

（1）　北野信彦『近世出土漆器の研究』（吉川弘文館、2006年）、北海道埋蔵文化財センター調査報告書第26集『ユオイチャシ跡・ポロモイチャシ跡・二風谷遺跡』（北海道埋蔵文化財センター、1986年）、他。

（2）　筆者を代表者とする科学研究費基盤研究（C）「アイヌ漆器に関する歴史的研究―文献史学と考古学、民俗学・文化人類学の連携」、また明治大学教授の宮腰哲雄氏を代表とする科学研究費基盤研究（A）「歴史的な輸出漆器の科学分析評価と漆器産地の解明に関する研究」などは、共同研究によって進められている。

（3）　拙稿「蝦夷地における漆器の流通と使途―浄法寺から平取へ」（矢田俊文他編『都市と城館の中世―学融合研究の試み』、高志書院、2010年）、「蝦夷地における漆器の流通と使途―椀（盃）・盃台・『台盃』」（『北海道・東北史研究』2010［通巻6号］、北海道出版企画センター、2010年）を参照。他に漆器関係論文として、「浄法寺漆器の生産と流通」（矢田俊文他編『中世の城館と集散地―中世考古学と文献研究』、高志書院、2005年）がある。

（4）　近江八幡市、2012年刊行。

（5）　平凡社、2003年刊行。

（6）　井上広子「近世中期から明治初期の昆布流通に関する歴史地理学的考察」（『歴史地理学』41巻5号、1999年）。

（7）　輪島については、四柳嘉章氏も著書で論及されている（同氏『漆』Ⅱ、法政大学出版局、2006年、他）。

（8）　カモカモについては、舟山直治氏の一連の研究を参照されたい（「カモカモの形態と利用からみたアイヌ民族と和人の交易と物質文化」、氏家等編『アイヌ文化と北海道の中世社会』、北海道出版企画センター、2006年）他。

（9）　前掲（3）拙稿「蝦夷地における漆器の流通と使途─椀（盃）・盃台・『台盃』」。

（10）　古原敏弘・藪中剛司・小野哲也・清水香『アイヌ民族に伝わる漆器の調査研究─アイヌ民具としての漆器類の基礎的データの収集と分析─』（神奈川大学日本常民文化研究所、2014年）に、漆塗りのイクパスイが掲げられている。

（11）　藪中剛司氏のご教示による。

（12）　前掲（3）拙稿「蝦夷地における漆器の流通と使途─浄法寺から平取へ」。

（13）　文化15年3月「悪消下シ荷物下扣帳」（北海道博物館所蔵林家文書）。

（14）　「土人勘定差引帳」（北海道博物館所蔵林家文書）など。なお東俊佑氏は、サハリンの土人勘定帳を分析した報告を行っている（「幕末期の場所経営帳簿にみる漆器」、前掲（2）科学研究費基盤研究（C）「アイヌ漆器に関する歴史的研究─文献史学と考古学、民俗学・文化人類学の連携」の一成果である、シンポジウム「漆器とアイヌの社会・文化」、2015年10月11日、於北海道大学）。

（あさくら・ゆうこ／上越教育大学）

【研究ノート】

「歴史総合」科目（仮称）の射程は北方史に届くか？

吉嶺　茂樹

1．はじめに―歴史総合科目（仮称）とは何か？―

　歴史総合科目とは、次回改訂の学習指導要領において、高等学校の必修科目として世界史（A 科目・B 科目の選択必修）に代わって検討が進められている科目の名称（標準 2 単位を想定）である[*1]。本年 8 月に新聞・マスコミに大きく報道され、こうした科目が検討されていることが明らかになった。現在審議が進められている中央教育審議会・教育課程部会（以下中教審）において検討され、本年 8 月に「中間まとめ」が中教審 HP 上にアップロードされており、10月には地理歴史科、公民科などのワーキンググループが設置された。おそらく来年度中には答申が行われ、答申に基づいて今度は文部科学省で検討が進み、学習指導要領の中に記載されれば、次の高等学校指導要領（2022（平成34）年度スタート予定）で全国の高校生が必修教科として学ぶ教科になる。[*2]

　以上の略述に明らかなように、現在はまだ素案として検討が進められている段階であり、その内容は確定されたものになっていない。新しい科目になれば、評価の規準や教科の目的（何を学べば「歴史総合」が理解されたことになるのか）など、付随して決定されなければならないことがたくさんある。以上のことを踏まえた上で、本稿では、これまでの北方史研究の成果が、こうした新しい科目の構成を考える上でどのような貢献をなしうるのか、さらにそもそも北方史研究が高等学校の歴史教育にどのような意味を持ちうるのか、について、これまで HP 上で明らかにされている情報をもとにして、検討してみたい。筆者は、主に「世界史」を現場で担当しているが、北海道東北史研究会のこれまでの研究成果は、いわゆる狭い意味での「日本史」を越境し世界史と日本史をつなぐ成果を多数上げてきていると考えているからである。

＊1　次期学習指導要領は、高等学校では2022年度（平成34）入学生から全面実施される予定である。学習指導要領はほぼ10年ごとに改訂されている。現行の指導要領は平成25年度入学生から全面実施されているので、まだ 2 年しか経過していないものの、すでに次期要領に向けた検討が中央教育審議会（以下中教審）で行われている。この検討内容が、新聞報道をはじめとする各種マスコミに取り上げられていると言うことである。本年 8 月には全体像を含めた次期答申の「素案」が示された。早ければ、平成28年度末にも新要領が発表される可能性がある。これに基づいて、各教科書会社は次期要領に準拠した教科書を作成し白表紙本を作成（平成29年度〜31年度？）、白表紙本に基づいて検定が行われ（32年度）、検定後に教科書会社が「見本本」を作成し、教科書採択が行われ（33年度）、34年度入学時から生徒が新しい教科書を使って学習する、というイメージである。

＊2　中教審の審議に関わる資料の中に歴史総合科目（仮称）にかかわる記載がある。第七次中央教育審議会教育課程部会　教育課程企画特別部会（第 7 期）検討素案。
　　http://www.mext.go.jp/b_menu/shingi/chukyo3/053/siryo/__icsFiles/afieldfile/2015/06/05/1358302_02_02.pdf
　　なお次期指導要領では歴史総合と並んで地理総合の必修化も検討されているが、現行の要領による世界史 A（2 単位）のみでの必履修完了に比べて地理総合 2 単位分が追加になるため、現行カリキュラム内にはそのままでは入らない。このためもあって、歴史系科目の必履修化にはまだまだ議論される余地が多々あることは注記しておく。

２．これまでの中教審検討素案や学術会議提言に見える、歴史教育のコンテンツと北方史との関連

　中教審教育課程部会　教育課程特別部会（第七期）の第九回会議配付資料[3]「検討素案」によれば、現行の歴史系 A 科目の課題（以下、下線は筆者）として、「近現代史の定着状況が他の指導内容に比べて低い」「グローバルな視野で現代世界と、その中での日本の過去と現在、未来を考える歴史認識を培うことが必要」「調べたことを発表させたり課題解決的な学習を取り入れた授業が十分に行われていない」などの指摘を行っている。その上で、「新科目のイメージ」として、「自国のこと、グローバルなことが影響し合ったりつながったりする歴史の諸相を学ぶ科目」を想定し、日本の動向と世界の動きを関連づけることや歴史の中に「問い」を見いだし、資料に基づいて考察し、互いの考えを交流するなどの歴史の学び方を身につけること、などが想定されている。

　さらに「素案」では、「資料の活用事例」として、国立公文書館などのデジタルアーカイブの活用、研修の事例としての自治体との連携による協調学習の授業作り、最後に教材の事例としての「地方・日本・地域・世界を結ぶ教材の開発」を上げており、その具体的事例として、兵庫県教委が作成した副読本「世界と日本」の中から、生野銀山と世界史との関連を取り上げている。

　続いて本年 8 月 5 日に行われた同特別部会第13回会議において、上述した新科目のイメージに基づき「世界史必修から、我が国の伝統と向かい合い、今を知るための歴史科目の新設へ」として、「歴史総合」が検討素案に入った。ここに至るには、高等学校における日本史必修化の動きなどが見られたが[4]本稿執筆時点（平成27年10月）では、この「新科目設置」が想定されている。この検討素案によれば、新科目のイメージとして、

●日本の動向と世界の動きを関連づけてとらえること。

●現代的な諸課題を歴史的に考察するため、近現代における歴史の転換等をとらえた学習を中心にすること

●歴史の転換の様子を捉える「継続と変化」、特色を捉える「類似と差異」などの、「歴史の考察を促す概念」を重視すること

●歴史の中に「問い」を見いだし、資料に基づいて考察し、互いの考えを交流するなど歴史の学び方を身につけること

などがあげられている。

　一方、この間日本学術会議が、史学委員会の中にある「高校歴史教育に関する部会」において、新しい科目「歴史基礎」の検討を進めてきた。すでに昨年（2014）6 月13日に提言「ふたたび歴史教育のあり方について」が提出され、この末尾には年間実施時間として想定されている70時間で歴

---

*3　平成27年 6 月 9 日開催。本稿に関わる資料 2 − 2 については以下の HP を参照。なおこの会議資料によれば、当然のことながら検討が行われたのは歴史教育だけではなく、高等学校教育のコンテンツと教育課程全般の検討が行われている。
　　http://www.mext.go.jp/b_menu/shingi/chukyo/chukyo3/053/siryo/__icsFiles/afieldfile/2015/08/04/1360076_2_2_02.pdf
*4　2014年11月20日に中教審総会が行われ、下村文部科学大臣（当時）は「高校社会科改善の方向」として、「日本史必修化を含めた地理歴史科の見直し」を諮問していた。

史基礎科目を行うための「カリキュラム試案」が別記されている。[*5] この試案の中には、筆者が考える北方史に関して取り上げることの可能な項目として、以下のようなものが取り上げられている。この試案に対して、註記を加えてみたい。なお、「特別な問い」とは、提言によれば、「前後の問いとは異質な問い」であるが、歴史における「長期・広域な問い」を考えるために項目に入れられているものである。

日本学術会議提言　参考資料２

「歴史基礎」科目　カリキュラム試案より

（事例１）

第三部　グローバル化の加速

　第３課題：アジアの人々は西洋の動きにどう対応したのだろうか。

　問い：西洋人が現れたとき、「中東」の人々はどんな経験をしただろうか。

　問い：同じく、インドの人々は？

　問い：同じく、中国や朝鮮の人々は？

　特別な問い：海上交通により拡がった感染症にはどんなものがあっただろうか。

　（筆者註記：本項目の「特別な問い」に関して、例えば幕末期の蝦夷地におけるアイヌ民族への種痘実施の事例を取り上げることは出来ないだろうか。）

（事例２）

第４部近代化と帝国主義の時代（４課題）

　第１課題：日本はどのように近代化を始めたのだろうか。

　問い：ペリーの来た日本にはどんな政治の仕組み・経済・文化があっただろうか。

　問い：明治維新により日本はどのように変化しただろうか。（例えば、1853年と1890年を比べてみる）

　問い：日本人は西洋文明と伝統をどのように結びつけたのだろうか。

　（筆者註記：本課題は、全体として北方史からの知見を取り入れることが可能な項目である。少なくとも、中学校教科書の反復ではない事例提供が必要だと思われる。さらに、開拓使による様々な産業の移設の試みなどが紹介されて良い。「明治維新により日本はどのように変化したか？」を高校生が考える事例はモノから取り入れた方が良いと考えるがいかがだろうか。）

（事例３）

　第２課題：日本は維新の後、隣国との関係をどのように結び直したのだろうか。

　問い：琉球や蝦夷地の人々にはどんなことが起きただろうか。

　問い：日本は朝鮮や中国との関係をどのように変えたのだろうか。

　問い：日清戦争の後、中国や朝鮮の人々にはどんなことが起きたのだろうか。

　（日本の植民帝国化ナショナリズムと民主化の始まり）

[*5]　全文は以下の HP で確認出来る。
　　　http://www.scj.go.jp/ja/info/kohyo/pdf/kohyo-22-t193-4.pdf.

問い：日露戦争の後、日本と朝鮮の関係はどう変わっただろうか。

（筆者註記：本課題も、蝦夷地の事例が琉球と並んで取り扱うべき項目として建てられている。植民地帝国化とナショナリズムの問題も、「内国植民地としての北海道・樺太・千島」と捉え直すことで、より本州の生徒にとっても身近な北海道がどのような近代をたどったのかを考えることが本課題を考察することにつながるのではないだろうか）。

　以上のように、学術会議が公表した項目立てを北方史の枠組みで読み替えていくことで、北方史の知見を活用した歴史基礎科目の項目とすることが出来る。筆者はこれまで原始から現代までの世界史の授業の中で積極的に北海道から見た世界史の考察を心がけてきたが、世界史Ｂ科目においてもおよそ140から150時間の授業数の中で多く見積もって７〜８時間程度を当てられれば十分であった。さらに言えば、筆者のこれまでの授業では、他に取り上げるべき事項を端折って北方史を取り上げていたのだが、歴史基礎科目ではそれを正面から取り上げることができる。考えようによっては、およそ60〜70時間程度で行われる「基礎科目」の中で行う歴史的思考力育成型の教育を、数時間分北方史の事例で考えることが出来るようになったと今後の変化を前向きに捉えることは出来ないだろうか。

　さらに、さかのぼって2011（平成23）年８月、いわゆる「世界史未履修問題」を受けて学術会議で出された提言「新しい高校地理・歴史教育の創造—グローバル化に対応した時空間認識の育成」[6]を作成する中心をになった油井大三郎氏（東京女子大学）によって、「高校歴史教育研究会」が組織され、世界史Ｂ科目に代わる新科目「世界史」（４単位を想定）において、用語数を厳選し、歴史的思考力を育成することが出来るような科目構成や教科書項目案などの検討を行い、報告書を作成した[7]。研究会では全国の大学研究者、高校教員、予備校講師、教科書編集者などへの広範なアンケートを実施し、現在の歴史教育にどのような課題があるのかについても検討を行い、その結果を公表した。筆者はこの研究会に関わり、北方史や琉球沖縄史の研究成果を世界史教育にどのように組み込むことが可能かについても検討を行った。本年８月には、以上のような検討を踏まえ、高校教員と大学研究者、教科書編集者、教育委員会関係者などが対等な立場で今後の歴史教育のあり方について検討する学会「高大連携歴史教育研究会」が創立されている。[8]　１．で記載した今後のスケジュールに応じ、ボトムアップでの歴史総合科目の検討や具体的な指導案、項目案の検討な

＊6　本報告書も、日本学術会議の HP において全文を見ることが出来る。
　　　http://www.geoedu.jp/GK.pdf.
＊7　「歴史教育における高等学校・大学間接続の抜本的改革を求めて（第一次案）：「歴史教育における高等学校・大学間接続の抜本的改革—アンケート結果と改革の提案」の２冊。なお本報告書は、大阪大学歴史教育研究会 HP より全文を見ることが出来る。
　　　http://www.geocities.jp/rekikyo02/pdf/1409yui-survey01.pdf
　　　および
　　　http://www.geocities.jp/rekikyo02/pdf/1407yui-teigen.pdf
＊8　高大連携歴史教育研究会については以下のブログが開設されている。近日中に HP および会報が発行される予定と聞く。
　　　kodairekikyo.blogspot.com/

どが待たれよう。

３．北方史研究はこうした課題に答えられるか？

　筆者の考えでは、その答えは「もちろんYES」である。これまで筆者は高等学校の現場において世界史科と北方史との関係生を一次史料によって考察する実践を重ねてきた。西欧中心史観の問題や、生徒にとっては遠い世界史を学ぶことによる「世界史離れ」に少しでも抗いたいとの思いから、北海道の地域から見た世界史通史を組み立て、そこに教科書的な世界史との関係性を問う実践である。

　新科目は「日本史と世界史の融合」を想定しているから、日本と世界史の接点はこれまで以上に重要になろう。琉球沖縄史についてはすでに沖縄県以外でも様々な実践が行われているが、今後は北方史研究の成果を積極的に公開し、教材集を作り、実践を重ねていくことが待たれよう。要するに「北方史は北海道と東北の先生がやれば良い事項」ではないということをどれだけ具体的な形で明らかに出来るかにかかっていると思われる。以下、この間筆者が検討し実践してきた事例をいくつか挙げてみたい。

（事例１）国立公文書館アジア歴史資料センターデジタルアーカイブを活用する。

　すでに述べたように、中教審「検討素案」では、デジタルアーカイブの積極的な利用を取り上げているが、このことに関しても北方史の研究成果はいくつもの事例を提供することが出来る。例えば国立公文書館アジア歴史資料センター（以下、アジ歴）のデジタルアーカイブ内には、リンドバーグの根室到来についてのまとまった資料活用が出来る特集を作成している。[9]ここは、簡単に教室で活用できるような写真を含む素材集ページである（「知ってなるほど、明治大正昭和初期の生活と文化」ページ内「リンドバーグ夫妻の北大西洋横断飛行」）。アジ歴内のリンドバーグ関係資料には、以下のような当時の電文も保存されており、これはJPEG画面で教材に加工作成出来るものとなっている。

　周知のように、リンドバーグは世界最初の大西洋無着陸飛行を行った20世紀前半の「空の英雄」の一人である[10]。彼が無線技士である妻

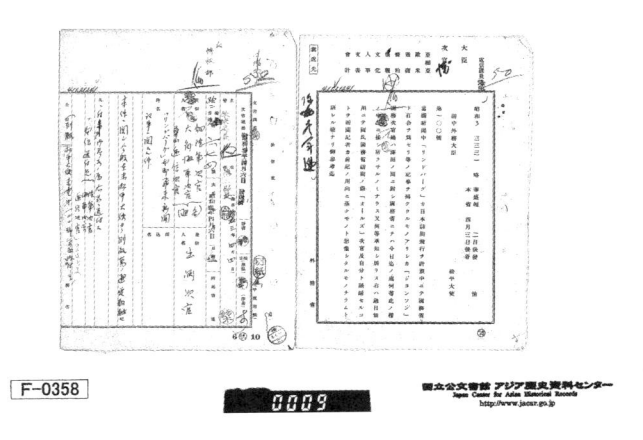

F-0358　　0009

＊9　URLは以下の通りである。
　　http://www.jacar.go.jp/seikatsu-bunka/p08.html
＊10　彼がパリに到着した際の歓迎や、本稿で言及している日本到来時の霞ヶ浦到着時の歓迎を示す動画は、独立行政機構・情報処理推進機構のHP内で公開されており、無料で視聴できる。
　　https://www2.edu.ipa.go.jp/search/
　　この検索画面で「リンドバーグ」と入力すれば動画にたどりつける。

と共にシリウス号でワシントンから中国漢江までのアメリカン航空のテスト飛行に飛び立ったのは1931（昭和6）年8月、根室来航は8月24日のことである。翌日、根室市花咲小学校を会場に歓迎式典・および歓迎宴会が行われ、この際の写真も現存する。さて、この飛行計画をめぐり、外務省と海軍省との間で新聞報道を巻き込んだ折衝が行われることになったことをご存じの方も多いであろう。当時リンドバーグが飛んだ飛行航路は千島列島を島伝いに経由するルートで、後にここは海軍連合艦隊が真珠湾攻撃を行う際のルートとすることが計画されていたからである。筆者はこうしたアジ歴データベースを活用した歴史教育教材作成に、アジ歴設立当初から関わってきた。その作業の中で一次史料の活用による歴史の面白さ、解釈の多様性、考察の面白さを実際の授業の中で伝えられないかと試行してきた。[11]現在、このリンドバーグ夫人と日本初の無線交信を行った場所(旧逓信省落石通信所)は、根室市出身の武蔵野美大教授・池田良二氏の個人アトリエとして修復が進められており、「落石計画」という現代アートプロジェクトの拠点となっている。[12]筆者は実際に教室で、世界史の中のリンドバーグと根室という視点から、一次資料と現代アートをつなぐ、歴史と美術史を融合した指導案を作成した授業を行ったが、生徒はこのような「考える授業」をとても楽しんでくれたように思う。

（事例2）北海道立文書館デジタルアーカイブを活用したソウヤ場所史料と高校世界史をつなぐ授業

　北海道立文書館では、幕末期の箱館御用書文書群や開拓使文書の広範なデータベースを公開している。これらを活用すれば世界史と日本史を統合して考察することが出来る「北方史から見た歴史総合科目教材」についての様々な指導案が可能であろう。これまで筆者も宗谷場所史料を活用した世界史の授業実践例についての検討を重ねてきた。

　上記したように、箱館奉行所史料は北海道立文書館HPに写真図版と共に検索画面付きでUPされており、教室での利用が可能である。この史料の中に、安政年間に紋別御用所（現・北海道紋別市付近）で薬用として箱館奉行所から下げ渡されたコーヒーに関する史料が存在する。これも周知のように、幕府直轄化の各場所においては、野菜不足などのため壊血症などが頻発し、死者も相次いだ。このため箱館奉行所では、薬用としてコーヒーを支給し、その用い方もあわせて指南する。以下に示すのはこの史料である。右ページ4行目に「コウヒー」の文字が見える。

　「和蘭コウヒー豆」と書かれ、薬効に「寒気や爆邪を沸（はらう）」とあり、その後に「用いゆう」として、具体的なレシピが書かれている。当然生豆の形で入っているから、焙煎は場所で行うしかなかった[13]。そのレシピによれば、「黒くなるまで良く煎り、細かくはらりと成る迄つきくだき、弐さじ程麻の袋に入れ熱き湯にてばん茶の如き色に成る迄土びんに入れ置きさめればあたため砂糖を入れ用ゆべし…」とあり、現在のティーバッグのような方法で煎じ薬として飲まれていたことが

---

*11　拙稿「ICTによる授業改善―アジア歴史資料センター及び情報処理推進機構（IPA）所蔵データを授業で活用する―」東京書籍高校社会情報誌『ニューサポート』vol13．2010。

*12　落石計画のHPは以下の通り。この中に落石無線通信所の紹介もなされている。
　　　http://www.ochiishikeikaku.com/

*13　このコーヒー豆は、おそらくオランダ・ジャワ島で生産されたものではないかと思われる（東京大学文学部・島田竜登氏のご教示による）。

分かる。

教室では、図版をカラーコピーで印刷して配布した上で、実際に同じ方法で教室で焙煎して入れてみた。生徒はこのとても飲めない色水を困った顔をしながら楽しんでくれた。本史料を用いることで、東南アジアにおける植民地化とコーヒープランテーション、イスラム圏におけるコーヒーの

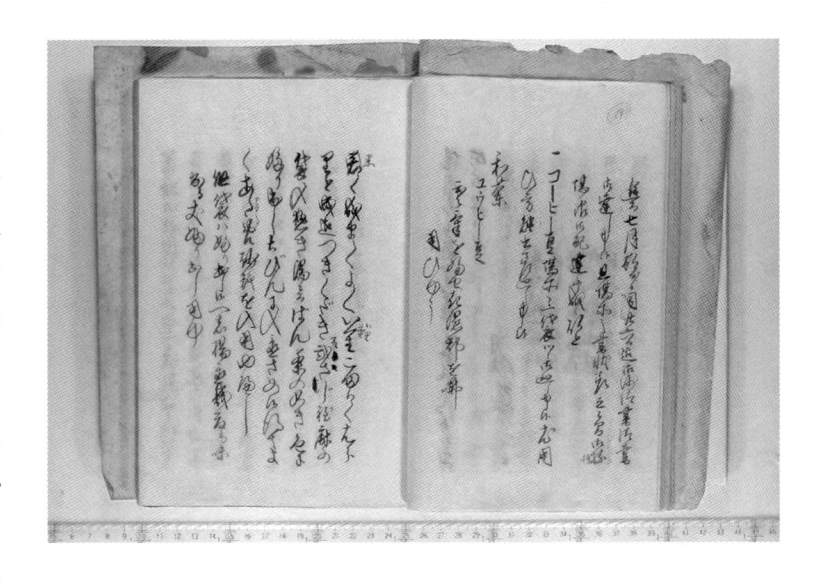

歴史、ヨーロッパ諸国の近代史とカフェー文化など、様々な世界史上の重要テーマと幕領下の蝦夷地とを一つの関係性の中で考えることが出来る素材となる[14]。他にもコーヒーの歴史はモノの歴史として高校世界史の中でも取り入れられるし、その実践もあるが、その先は遠く蝦夷地・紋別御用所までつながっていたのである。[15]

以上、実際の教室で行った、北方史と世界史をつなぐ実践例をいくつか紹介した。今後、道立文書館や道立博物館、道立近代美術館や北方民族博物館などの公的な機関が高校教員と協力して一次史料、写真図版、史料の口語訳、学芸員による解説動画などを古代から現代までのいくつかのテーマごとにまとめて一時間の授業構成ができるような指導案を作成し[16]、北方史実践に関わる HP のようなものが各公的機関ごとに作成され、道教委の HP などからアクセスできるようになれば、琉球沖縄史と同様に、全国的に北方史の実践も広がっていくのではないだろうか。[17]「歴史総合」科目の今後はまだはっきりとせず、文科省の研究開発学校2校で実践研究が行われた、あるいは現在進行中という段階である。しかし、学術会議の案などを見ても、日本史と世界史の接点たる北方史の重要性は高い。さらに、特に若い世代の教員にこのような重要性を理解してもらうような試み

---

*14 こうした視点は、近年歴史学会でも研究が進められ、教科書記述へも登場しはじめた「グローバル・ヒストリー」を北方史研究から考えることにもつながる。水島司『グローバルヒストリー入門』山川出版社、世界史リブレット127、2010, および秋田茂・桃木至朗編『グローバル・ヒストリーと帝国』大阪大学出版会 , 2013. 特に序章。

*15 臼井隆一郎『コーヒーが廻り世界史が廻る』中公新書、1992参照。

*16 本年9月、北海道立近代美術館・主任学芸員井内佳津恵氏と筆者などが協力し、近代美術館特別展「日韓近代美術家のまなざし」の会場から、北海道豊富高校に向けて、日本近代史のハイビジョン同時双方向通信システムを用いた遠隔配信授業を行う実験を試みた（平成27年10月23日付北海道通信記載記事）。この中で、本特別展実施のための調査過程で判明した、北海中学出身の画家佐藤九二男の事績などを取り上げた。こうした美術館展覧会会場から高校の普通の教室授業へ学芸員との同時双方向連携授業を行ったのは管見の限り国内では例がない。この実験授業も、道内の美術史に関する研究成果を高校現場に届けるための試みの一つである。

*17 沖縄県立総合教育センター「琉球文化アーカイブ」のようなものが想定されて良い。URL は以下の通り。
http://rca.open.ed.jp/

も必要ではないか＊18。

　近現代史の充実に関しても、新科目ではこれまでの教科書的な記載、特に日本史において記述されていたことをより世界史的な視野で学ぶことが求められる。その際に、これまでの北方史研究の成果は大きな寄与が出来ると筆者は考えている。日清日露期の東アジア史環境や、植民地樺太の統治の実態、内国植民地の実験場としての北海道経営など、テーマはいくつも上げられよう。＊19今後、上述した兵庫県の「世界と日本」北海道版のようなものが作成され、それが全国的に紹介されていくことで北海道東北史研究の成果を全国の現場教員が知ることの意味も大きいだろう。本研究ノートも、そうした基礎作業の一つである。

（よしみね・しげき／北海道有朋高等学校）

＊18　本稿も筆者なりのこのような作業の一つである。筆者は十年以上大学で非常勤講師として地理歴史科教育法や歴史学を教えているが、学生に北方史に関する模擬授業を行ってみるように話をすると、異口同音に難しい、敷居が高いという返答が来る。これまでそのような授業自体を聞いたことが無いのでイメージがわからないという意見も多い。上述した学術会議「歴史基礎科目カリキュラム試案」との距離は遠いと言わざるを得ないが、興味関心を引いてくれるような事例を地道に作成していくことしかないのでは無いかと筆者は考えている。まずは北海道・東北地区の教育を担う若い世代の教員が自らの生活する地域の歴史と世界史との関係性を興味をもって実践してくれない限り、その次の世代の中高生に北方史への関心をいだく生徒は出ないからである。
＊19　拙稿「アジア歴史資料センターと高校歴史教育―教育現場からの提言―」国立公文書館「アーカイブズ」27号、平成19年。

〈付記〉
　本稿は、平成27年（2015）10月に成稿した。その後校正段階（平成30年〈2018〉5月）までに、高等学校地理歴史科をめぐる状況が大きく変化した。本稿で筆者が述べた趣旨を大きく変更する必要は無いと考えているが、以下、この間の情勢の変化について箇条書きした上で、簡単に筆者の考えを述べておきたい。
①まず、この間に、平成30年（2018）3月に文部科学省から新しい高等学校学習指導要領が「告示」され、新科目名も各2単位の「総合歴史」「地理総合」となり、この二科目が必修教科とされた。その上で、選択科目として各3単位の「日本史探究」「世界史探究」「地理探究」が設置される。地理歴史科は内容構成共に大きく再編されることとなった。
②各教科において、北方史に関わる記述は、新指導要領で以下のようになった。
　歴史総合においては、内容構成の「B　近代化と私たち」の（2）結び付く世界と日本の開国の項目において「諸資料を活用し、課題を追究したり解決したりする活動を通して、次の事項を身に付けることができるよう指導する。」の中に次のような知識を身に付けることとして「(ｱ)18世紀のアジアや日本における生産と流通、アジア各地域間やアジア諸国と欧米諸国の貿易などを基に、18世紀のアジアの経済と社会を理解すること」の内容に関し、
　「…また、アジア貿易における琉球やアイヌの文化についても触れること。」
という記載が入った。これは必修科目である歴史総合科目でアイヌ史とアイヌ文化について本文で取り扱うことを要する内容となっている。
　次に選択科目である「探究日本史」では、近代史の項目で
　「…公家や武家、庶民などの文化の形成や融合について扱うこと。また、アイヌや琉球の文化形成についても扱うこと。」
さらに
　「長崎、琉球、対馬、松前藩やアイヌの人々を通して、それぞれオランダ、中国、朝鮮との交流や北方貿易が行われたことについて取り上げること。」
という記載がある。いずれも本文記載が求められる内容である。
　「世界史探究」では、具体的に北方史やアイヌ史を取り上げる文言は見られないが、この科目が「歴史総合」の学習を踏まえて行われることを想定しており、これまで以上に東アジア史の中での北方史が取り扱われる可能性が高い。
③筆者も運営委員を務めている「高大連携歴史教育研究会」では、この間、歴史総合科目と各探究科目の関係などについて検討を重ねてきた。成稿時には開設予定であったHP・ブログも開設し、様々な情報提供を行っている。本年7月には第三回の研究大会を行う。また、日本学術会議でも本年（2018年）8月4日に歴史基礎科目に関するシンポジウムを行う予定である。
④以上の「付記」は、上述のように、本年3月に告示された高等学校に関する新指導要領の内容に基づいて行ったが、指導要領はいわゆる「大綱」を示したものであり、より具体的には各科目ごとに「解説」が作成される。具体的な教科書作成などは、この「解説」を基にして行われるものであるが、本「付記」作成時点で、「解説」は公表されていない。近日中に文部科学省HPで公表されると思われる。
⑤本稿全般に関して、公表順は逆になるが、本稿成稿後に出された次の論考を参照されたい。
拙稿〈速報〉高等学校における新しい必修教科「歴史総合」科目の今後に向けて」世界史研究所「ニューズレター」No.29, 2017, 1.（次のHPで全文を読むことができる）
http://www.npo-if.jp/worldhistory/wp-content/uploads/2017/02/Newsletter_No29.pdf
　併読して頂ければ、新指導要領における新しい科目の設置経緯が分かり、その中での北方史の位置づけが理解できるはずである。

【研究潮流】

サハリン樺太史研究会第41回例会
樺太の〈戦後〉史研究の到達点と課題

中山　大将

竹野　　学

木村　由美

ジョナサン・ブル

スヴェトラナ・パイチャゼ

はじめに

　樺太引揚げについては、戦後引揚げ全体の一部分として論じられても、それを中心にした研究というものはほとんどなされてこなかったが、2010年代に入り、樺太引揚げおよびサハリン残留に関する研究の成果が出始めるようになってきた。サハリン樺太史研究会では、その現状と課題について広く知らしめ、また討議するために第41回例会を「樺太の〈戦後〉史研究の到達点と課題」と題して開催した。本例会は、題のごとく同時点における樺太の〈戦後〉史研究の到達点と課題を提示するものであり、サハリン樺太史研究会のみならず、北海道・東北史研究会会員にとっても研究の参考になると考え、研究会記録として本稿を著す。なお、同例会のプログラムは以下の通りである（肩書は例会当時）。

　　開催日：2016年12月10日（土）

　　開催地：北海道大学人文・社会科学総合教育研究棟

　　司会：田村将人（東京国立博物館）

　　第1部　樺太引揚げ

　　中山大将（京都大学）「趣旨説明」

　　竹野学（北海商科大学）「1945年前後における南樺太の人口移動：戦時期から引揚げまで」

　　木村由美(藤女子中学・高等学校　非常勤職員)「樺太からの「脱出」と、戦後北海道における引揚者」

　　ジョナサン・ブル（北海道大学）「樺太からの引揚げ：函館引揚援護局の資料からの検討」

　　第2部　サハリン残留・帰国

　　中山大将（京都大学）「サハリンにおける旧樺太住民の残留と帰国」

　　スヴェトラナ・パイチャゼ（北海道大学）「サハリン帰国者のトランスナショナルアイデンティ
　　　　ティ形成：2～3世を中心に」

　　総合討論

1. 中山大将「趣旨説明」[1]

　本例会が主題とする「樺太の〈戦後〉史研究」とは、「サハリン戦後史研究」とはいささか異なるものである。「サハリン戦後史研究」が戦後のサハリン地域の歴史研究であるとするならば、「樺太（の）〈戦後〉史研究」とは、「旧樺太住民」の戦後に関する歴史研究だからである。「旧樺太住民」とは1945年8月以前から日本領樺太に居住していた人々であり、そこには日本人（内地人）を始めとしたアジア系住民やヨーロッパ系住民、そして先住民族が含まれている。これらの人々は、国籍、民族、血統、家族、職業、居住地域、性別、そして個々人の判断により様々な〈戦後〉を経験することとなる。これらの経験やそれを取り巻く様々な状況に関する諸研究を、本例会では「樺太〈戦後〉史研究」と総称することとした。

　サハリン樺太史研究会においてこの分野に先鞭をつけたのは、ほかならぬ竹野学氏である。そして竹野氏は、2005年より始められた共同研究の成果を先日「樺太からの日本人引揚げ（一九四五〜四九年）：人口統計にみる」として刊行した。これを機に関連研究者らが一堂に会して各研究の到達点と今後の課題について報告しあい意見交換を行なおうというのが、本例会の趣旨である。

2. 竹野学「1945年前後における南樺太の人口移動：戦時期から引揚げまで」

　樺太引揚げの大きな特徴としては、単純さ（引揚げルートの単一性）と複雑さ（多様な本国帰還形態）の二つが挙げられる。樺太引揚げの先行研究としては、『樺太終戦史』や若槻泰雄、加藤聖文、成田龍一らの研究が挙げられるものの、全体像やソ連側の意向と日本人の活動が不明確なままであり、移動に関する統計的数値の分析に偏重し、個別の事例との総合的な分析や1945年以前の樺太社会との連続性の視点が欠けており、新たな論文[2]では、これらの点の克服を目指した。以下は、その成果の要点である。

　戦時経済において樺太の意義は低下しており、1944年8月以降の対ソ和平では樺太は交渉材料にさえなっていたほか、「早期退島者」とも呼べる人の移動も発生し始めていた。

　日ソ戦争下では、約4,000名の死者を出しながら、約7.6万人の疎開者と約1.2万人の脱出者が発生しており、南部地域を中心に人口の約2割が島外へと移動していたほか、ほかの住民も北部から南部へと移動する現象が発生していた。

　間接統治がとられた点で、樺太は他のソ連占領地域とは異なっていた。戦時中の「急速転換政策」で単身で内地の炭鉱へ赴任していた労働者等が家族を求めて内地から樺太へ渡る「逆密航」が発生していた点も樺太に特徴的である。1949年までに45万人を超えるソ連人の移住が行なわれており、住宅問題と食糧問題が惹起し、食料不足を防ぐためにも日本人農民の引揚げを先延ばしにする方針をソ連政府は採った。1946年から始まった公式引揚げは初期は行政や運輸の拠点からの送還が中心で、農業地帯や製紙工場、炭鉱の所在地ほど引揚げが遅い傾向が見られた。これらの産業と引揚

1）当日配布資料より転載。
2）竹野学「樺太からの日本人引揚げ（一九四五〜四九年）：人口統計にみる」今泉裕美子ほか編『日本帝国崩壊期「引揚げ」の比較研究』日本経済評論社、2016年。

順序の相関関係はソ連政府による意図的なものなのかは今後の研究課題となる。

　日本政府は当初、帰還者から得られたソ連施政による日本人への厚遇についての情報は「特異なる意見」としていたが、やがて樺太での状況がほかのソ連占領地域と異なり比較的恵まれたものであると認識するようになる。ソ連占領地域の比較研究としては、今後はケーニヒスベルグやカレリアとの比較研究が要されよう。

　その他の今後の研究課題のひとつとしては、引揚者の北海道内への定着過程の研究があるが、これは今後自身でも行なっていきたい。引揚者の乗船名簿のデータベースの作成も送還過程の全貌を明らかにするために必要な研究課題である。国会図書館憲政資料室日本占領関係資料や『樺太終戦史』編纂資料（全国樺太連盟所蔵）の再検討も重要な研究課題となる。

３．木村由美「樺太からの「脱出」と、戦後北海道における引揚者」

　自身の研究テーマは「戦後樺太からの引揚者と北海道」である。拙稿「「脱出」という引揚げの一方法：樺太から北海道へ」[3]では、外務省外交史料館所蔵の名簿を元に、13,605人分の「脱出」状況を分析し、以下のことを明らかにした。主な出発港は亜庭湾の両端と大泊町、次いで西海岸の突端と本斗町、真岡町、野田町で、上陸地は、稚内とオホーツク海側、脱出者の出身地は、亜庭湾東海岸の地域、次いで好仁村、大泊町が多く、東海岸は地元出身者が多いが、西海岸は出身地が多様である。人の流れは、亜庭湾内では大泊より東側の出身者は東の知床村へ向かい、千歳村より西の出身者は能登呂村へ向かっていた。脱出者の職業は漁業が多いが多様で、集団での脱出も見られた。使用船は、0〜9 tの小型が最も多いが、200tの船も見られた。時期は1945年9月が最多であり、旅行券制度（パスポート）の施行以降は、移動が困難になった。

　脱出によって村が丸ごと消えた例としては、永井豪『海馬島脱出：子どもたちの敗戦記』（まつお出版、2016年）が近年刊行された。

　別の拙稿「戦後樺太からの引揚者と北海道：都市部と炭鉱都市を中心に」[4]では、以下の点を明らかにした。樺太からの引揚者は全員が北海道から上陸し、無縁故者が多かった。「樺太引揚無縁故者の援護に関する件」では、9割の受入れ先が北海道とされており、特に都市部と炭鉱都市に多く定着した。人口増により住宅不足と失業問題が起き、都市部の事例では、札幌市、旭川市がこれにあたり、旭川では軍隊の旧兵舎を、札幌市では北24条の空き地に仮設の引揚者住宅を建設したが、老朽化やスラム化が進行したため市営住宅への建て替えが行なわれた。当初は日雇労働者が多く、地方では次第にその状況も改善したものの、都市部では日雇労働者層への固定化が進んだ。日雇が引揚者の自立を遅らせ、特殊集団としての引揚者が形成された。炭鉱都市の事例としては、芦別市、美唄市があり、炭鉱は、給料が高く、住宅付きであり「重点的に就職、収容所の回転を早める」機能を持った。樺太引揚者には無縁故者が目立ったが、「縁故はないが知り合いがいたから」というように血縁以外の関係性がセーフティーネットとして機能した事例も見られた。

3）木村由美「「脱出」という引揚げの一方法：樺太から北海道へ」『北海道・東北史研究』第9号、2014年。
4）木村由美「戦後樺太からの引揚者と北海道：都市部と炭鉱都市を中心に」『北大史学』第54号、2014年。

　引揚者住宅がなくなったのは、終戦から20年以上経過した1970年代であり、札幌市が五輪に向けて立てた五カ年計画の項目に「老朽化した引揚者住宅を高層アパートへ」を掲げた時期でもあった。「札幌オリンピックと引揚者」というのも新たな研究課題として浮上している。また、現在は、『引揚者在外事実調査票』を元に、樺太深海村から北海道への引揚げを159世帯849人分のデータから分析を試みている[5]。

　その他に今後取り組みたいテーマとしては、（1）引揚げ出発港としての大泊（「脱出」「緊急疎開」の拠点）、（2）前項と関連して「緊急疎開」再考（防衛研究所所蔵資料の調査継続）、（3）『引揚者在外事実調査票』の継続調査（大泊、内陸部、北部、農村など）とデータベース化、（4）子どもの引揚げ、引揚者の子供（子供時代の体験は70年の時を経て、大人目線で語られている。子供の引揚げや、戦後社会における引揚者の子供という存在に着目する）などがある。

４．ジョナサン・ブル「樺太からの引揚げ：函館引揚援護局の資料からの検討」

　本報告は、博士論文を基に現在執筆中の "Setting the unsettled: history and memory in the construction of the Karafuto repatriate, circa 1935 to 1995" の中のふたつの章 "Repatriation group interviews and the remaking of settler identity" "Officials and the Karafuto repatriate" に関するものである。

　報告者の研究目的は、樺太から日本への引揚げ直後の引揚者の語りが生み出されたセッティングの検証により、樺太引揚者像を構成する要素に新たな視点を提案することである。

　研究の背景としては、引揚者の記憶の形成をめぐる研究群がある。Lori Watt は、「引揚者」というカテゴリーによって引揚げてきた人々が差別的な扱いを受け、その差別により、引揚げを経験していない人々が国民国家のパブリック・メモリーとしての「大日本帝国」を忘れるという深い意味合いを持つと論じ[6]、Mariko Tamanoi は、人類学の視点から満州開拓移民・引揚者の自分史やオーラル・ヒストリーの分析を行ない、厚生省の「公式」歴史叙述と引揚者の叙述のズレに着目し、「満州」という帝国意識を分析し、戦後の日本社会では、帝国意識が根強く残っていたと論じた[7]。また、Watt は1945年8月から1946年3月までの期間、米占領軍の下で朝鮮に在住していた日本人が「外地日本人・植民支配者」から「国民」になるプロセスの分析を京城帝国大学の教員の当時の日記から行ない、アイデンティティの再形成を、朝鮮にいた日本人は「敗戦国民」というアイデンティティを抱きしめて、それによって朝鮮人に対する「植民地責任」を忘却したと解釈した[8]。

　こうした先行研究に残された課題として、（1）国民国家のパブリック・メモリーの形成過程の中で、引揚げを体験した人々がどのように順応してきたのか、また、引揚者が歴史を叙述してきた

5）なお、この研究の成果は本例会後に、木村由美「樺太深海村からの引揚げ：『引揚者在外事実調査票』による分析」（『北方人文研究』第11号、2018年）として刊行された。

6）Lori Watt, *When Empire Comes Home: Repatriation and Reintegration in Postwar Japan*, Cambridge（Massachusetts）: Harvard University Asia Center, 2009.

7）Mariko Tamanoi, *Memory maps: the state and Manchuria in postwar Japan*, Honolulu: University of Hawai'i Press, 2009.

8）Lori Watt, "Embracing Defeat in Seoul: Rethinking Decolonization in Korea, 1945," *Journal of Asian Studies*, vol. 73 no. 4, 2014, pp. 1–22.

プロセスにおいて、日本政府による公式の歴史とどのように向き合ってきたのか、また、満洲開拓移民の引揚者のケースが引揚者の代表となり得るかどうか[9]ということと、（2）旧日本帝国地域は、米占領軍よりもソ連軍によって占領された地域のほうが広く、植民地朝鮮の日本人社会の特徴を反映した一人の日記の分析から得られた「敗戦国民」という概念が、植民地樺太と脱植民地のプロセスを十分に説明するものとなりうるのか、ということが挙げられる。

　樺太引揚者の脱植民アイデンティティの形成過程や日本政府の様々なアクターの反応の方向性を明らかにすることで、初期の樺太引揚者の記憶の形成過程の説明がより明確となる。それにより「引揚者」という現象が、消極的な対象としてだけでなく、意志的なアクターとも見えてくる可能性があると報告者は考えている。

　報告者は記憶（memory）研究の理論のうち、Aleida Assmann の研究アプローチ[10]を参考にしている。資料としては、函館引揚援護局史編纂資料（函館市中央図書館所蔵）、防衛研究所の樺太引揚に関連する資料、北海道立文書館に所蔵されている資料を主に用いている。とりわけ、全国各地にあった各援護局については、そもそも資料自体がほとんど現存しておらず、そうした中でまとまった資料が保存されている函館援護局の資料の分析は引揚げ研究全体にとっても意義が大きい[11]。

　報告者のリサーチ・クエスチョンは、（1）樺太から引揚げた人々の引揚直後の語りの背景に何があったのか、および（2）函館援護局にいる公務員が引揚者にどのように対応したか、の2点に要約される。

　第一の点のために、函館に着いた直後に実施された座談会での引揚者の発言テキストデータやソ連施政下の日本語新聞『新生命』の分析[12]を行なった。引揚後の座談会での日本政府の要員との対話の機会によって、敗戦後には失われていた「樺太 Settler Identity」[13]が再構築されて語られた可能性がある。引揚者にとって、樺太 Settler Identity を政府へ示すことは、自分たちにとって有効なものだという認識があり、ロシア人のネガティブな側面を引き合いに出し、自分たちの Identity

---

9）加藤聖文「引揚者をめぐる境界：忘却された「大日本帝国」」安田常雄編『社会の境界を生きる人々：戦後日本の縁』岩波書店、2013年。

10）Aleida Assmann, "Memory, Individual and Collective," in *The Oxford Handbook of Contextual Political Analysis*, eds. Robert E Goodin and Charles Tilly, Oxford University Press, 2006, pp. 210-224.

11）加藤聖文『海外引揚問題と戦後日本人の東アジア観形成に関する基盤的研究』科研費若手研究（A）研究成果報告書、2006年。

12）先行研究としては、Mariya Sevela, "Civil Administration on South Sakhalin and the Kurile Islands, 1945-1948: The Memoirs of Dmitrii N Kruikov," *Monumenta Nipponica*, vol. 56 no. 1, 2001, pp. 39-91、Yuzuru Tonai, "Soviet rule in south Sakhalin and the Japanese community, 1945-1949," in *Voices from the Shifting Russo-Japanese Border-Karafuto/Sakhalin*, eds., Svetlana Paichadze and Philip Seaton, Abingdon: Routledge, 2015, pp. 80-100、エレーナ サヴェーリエヴァ『日本領樺太・千島からソ連領サハリン州へ』（小山内道子訳）成文社、2015年、Sören Urbansky and Helena Barop, "Under the Red Star's Faint Light: How Sakhalin Became Soviet," *Kritika: Explorations in Russian and Eurasian History*, vol.18 no.2, 2017, pp. 283-318 が挙げられる。

13）中山大将『亜寒帯植民地樺太の移民社会形成：周縁的ナショナル・アイデンティティと植民地イデオロギー』京都大学学術出版会、2014年、Hiroyuki Shiode, "Nation or Colony? The Political Belonging of the Japanese in Karafuto," *Social Science Japan Journal*, vol. 12 no. 1, 2009, pp. 101-119、Tessa Morris-Suzuki, "Northern Lights: The Making and Unmaking of Karafuto Identity," *The Journal of Asian Studies*, vol. 60 no. 3, 2001, pp. 645-671、Steven Ivings, *Colonial Settlement and Migratory Labour in Karafuto 1905-1941*（unpublished PhD dissertation, The London School of Economics and Political Science, 2014）.

の高さを主張した可能性が大きい。

　第二の点のために、厚生省と復員局の資料の分析を行なった。厚生省の資料からは、援護局が樺太からの引揚者に対して、北海道での生活再建と地域開発の構成員としての役割をセッティングし、Resettles という方向へ向かう者として演出がされていたことが読み取れた。これは、他地域の引揚者との大きな違いである。復員局の資料からは、樺太引揚者たちは、彼らに根付いた共産主義への対策を講じていく必要がある対象としてみなされていたことが明らかになった[14]。

　本研究の暫定的結論として、樺太引揚者の脱植民アイデンティティの形成過程には、植民地時代から意識されていた樺太 Settler Identity が、引揚げ（座談会）での政府との対話をきっかけに、再構築されて語られた可能性が示唆されたこと、日本政府（函館援護局）の樺太引揚げの位置づけが他地域からの引揚げとは異なり、repatriate に留まらず resettlement の要素が大きい「引揚げ」というセッティングが行なわれていたこと、そのセッティングについて政府から意識的あるいは無意識的にメッセージが発せられることによって、樺太引揚者もまた自分たちを Settler とする identity が形成されていった可能性が考えられることが挙げられる[15]。

5．中山大将「サハリンにおける旧樺太住民の残留と帰国」

　報告者の研究は、樺太移民社会〈形成〉史研究として始まり、やがて樺太移民社会〈解体〉史研究[16] としてサハリン残留者、帰国者の研究を始めた経緯を持つ。解体史研究の手法としては、（1）当事者、関係団体への聞き取り調査、（2）公文書館での文書調査、（3）民間団体資料の調査を行なった。（2）では外交史研究というよりも、外交史料に現われる残留者・帰国者について分析し、（3）については運動史・個人史研究だけでなく、（2）と合わせて、残留日本人の総名簿作りに取り組んできた。〈責任論〉ではなく〈原因論〉的アプローチで、政治・外交史より個人の目線から残留者と帰国者の実態について調べてきた。

　サハリン残留・帰国者に関する研究史について2010年までの分を総覧するとおおよそ次のようになる。まず、引揚げ業務を担った厚生省の各種刊行物[17] があり、事業の概要と時期・人数など貴重な情報が提供されている。歴史研究として引揚げ全般を扱った加藤聖文の研究[18] も残留日本

14）米軍の Hokkaido Military Government Team の北海度引揚者についてのレポートについては、西川博史『日本占領と軍政活動：占領軍は北海道で何をしたか』現代史料、2007年を参照。

15）函館引揚援護局編『函館引揚援護局史』（函館引揚援護局、1950年）の記述は樺太終戦史刊行会編『樺太終戦史』（全国樺太連盟、1973年）などに、「昭和二十六年9月1日　南樺太に於ける戦後の日本人の状況」（北海道立文書館所蔵の複製版、請求記号Ⅰ六七四四六）の記述は、金子俊勇『樺太一九四五年夏：樺太終戦記録』（講談社、1972年）や「樺太終戦ものがたり」（『北海タイムス』1965年1月から9月までの連続記事）などに影響を与えていると考えられる。

16）戦後サハリンをめぐる移動と運動を整理したものとして、中山大将「二つの帝国、四つの祖国：樺太／サハリンと千島／クリル」（蘭信三編『アジア遊学145　帝国崩壊とひとの再移動』勉誠出版、2011年）および中山大将「樺太移民社会の解体と変容：戦後サハリンをめぐる移動と運動から」（『移民研究年報』18号、2012年）がある。

17）引揚援護庁編『引揚援護の記録（正）』（引揚援護庁、1950年）や厚生省引揚援護庁編『引揚援護の記録（続）』（厚生省、1955年）、厚生省援護局編『引揚援護の記録（続々）』（厚生省、1963年）、厚生省援護局編『引揚げと援護三十年の歩み』（厚生省、1977年）や厚生省社会・援護局50年史編集委員会編『援護50年史』（ぎょうせい、1997年）など。

18）加藤聖文『「大日本帝国」崩壊』中央公論新社、2009年。

人に関する記述は僅少で厚生省刊行物の域を出ない。残留日本人については、サハリン側の研究には冷戦期帰国に関して時期や人数など若干の言及が見られるほか、中国でも中国帰国者と樺太帰国者の比較研究が発表されている[19]。韓人（朝鮮人）については、大沼保昭が樺太帰還在日韓国人会やサハリン裁判について整理しており、アナトーリー・クージンや半谷史郎は公文書を用いたサハリンの韓人の政治史研究を発表している[20]。研究以外に、ノンフィクション、当事者発信なども一定数存在してきた[21]。

　報告者が研究のために用いてきた重要一次史料としては、以下のものが挙げられる。冷戦期帰国については外交史料館所蔵の『ソ連地区邦人引揚関係一件引揚実施関係』各巻、『ソ連地区邦人引揚関係樺太残留者引揚関係』、『ソ連地区邦人引揚各地状況（中共地区を含む）樺太、千島の部　邦人人口移動関係』、ポスト冷戦期帰国については旧・日本サハリン同胞交流協会（現・日本サハリン協会）の内部資料（非公開）である各種名簿類、運動資料（陳情書類）、会報など、樺太帰還在日韓国人会については、朴魯学・堀江和子夫妻の資料が「サハリン残留韓国人帰還運動関係資料」として国文学研究資料館に、李羲八氏の資料が在日韓人歴史資料館に寄贈されており、後者は韓国の国家記録院がデジタル化している[22]。

　残留日本人問題について、報告者の研究課題は「何人いるのか？」「なぜ残留したのか？」の２点であった[23]。

　「何人いるのか？」というか課題については、各種関連名簿の整理を実施し、［総数］＝［現在サハリン在住者］＋［サハリンで死去した者］＋［冷戦期帰国者（日本）］＋［冷戦期帰国者（北朝鮮）］＋［ポスト冷戦期帰国者（日本）］＋［ポスト冷戦期帰国者（韓国）］と考え、現在のところ暫定的数値として1,448人という数値を挙げている。

　「なぜ残留したのか？」について名簿から分析すると、冷戦期帰国者は、単身世帯14％、日本人世帯13％、日本人・韓人世帯73％という構成で、ポスト冷戦期帰国者は女性が約６割、韓人と世帯関係のあった者が約５割、2000年以降パスポートに朝鮮姓名が記載されている者が約８割という数字が得られた。さらに、名簿からの算出結果と聞き取り結果から総合的に残留理由を分析すると、（１）韓人との家族関係が６〜８割（韓人は引揚げ協定に含まれず）、（２）熟練労働者が２〜４割（当局による引き止め）、（３）引揚げ終了後に抑留解除・釈放された者が２〜４割と推定できる。従前言われてきたことに対して、次の点が新たに明らかになったと言える。（１）残留日本人は女性

19）Подпечников В. Л., «Репатриация» (*Краеведческий Бюллетень*, янв 1993)、杜穎「关于日本遗孤与中国养父母的关系问题：兼对中国日本遗孤与俄萨哈林日本归国者作比较研究」（『西伯利亚研究』37（6）、2010年）。

20）大沼保昭『サハリン棄民』（中央公論社、、1992年）、クージン　アナトーリー・チモフェーヴィチ『沿海州・サハリン　近い昔の話：翻弄された朝鮮人の歴史』岡奈津子・田中水絵訳（凱風社、1998年 =Кузин А, 1993, *Дальневосточные корейцы: Жизнь и Трагедия Судьбы*, Южно-Сахалинск: Литературно-издательское объединение "ЛИК")、半谷史郎「サハリン朝鮮人のソ連社会統合：モスクワ共産党文書が語る1950年代半ばの一断面」（原暉之編『ロシアの中のアジア／アジアの中のロシア（II）』北海道大学スラブ研究センター、2004年）。

21）朴亨柱『サハリンからのレポート』（御茶の水書房、1990年）、小川岷一『樺太・シベリアに生きる：戦後60年の証言』（社会評論社、2005年）、李炳律『サハリンに生きた朝鮮人』（北海道新聞社、2008年）など。

22）『이희팔 기증기록물』국가기록원、2012년。

23）中山大将「サハリン残留日本人：樺太・サハリンからみる東アジアの国民帝国と国民国家そして家族」（蘭信三編著『帝国以後の人の移動：ポストコロニアルとグローバリズムの交錯点』勉誠出版、2013年）および中山大将「サハリン残留日本人の冷戦期帰国：「再開樺太引揚げ」における帰国者と残留者」（『移民研究年報』20号、2014年）。

ばかりではなく、韓人との家族関係だけが残留の原因ではないということ、（２）韓人との家族関係は、戦後特有の現象ではなく、帝国期からの現象であったということである。

　冷戦期帰国開始後もなぜ残留したのか？という問題に、聞き取りと公文書からのアプローチした結果、その理由として大まかに（１）帰国に関する情報の欠如、（２）私的理由（日本側含む家族の反対、帰国後の経済的不安、サハリンへの愛着）、（３）公的理由（軍および関連産業への従事、民族籍・国籍による資格問題）の３点が挙げられる。報告者の研究による新たな発見として、（１）国際関係だけが、帰国の実現可否の要因ではない（私的要因の重要性）、（２）国境の透過性の重要性（冷戦期には一時帰国は希望しても永住帰国は希望しない例もあった）が挙げられる。

　冷戦期帰国が1959年に集団帰国から個別帰国へ転換以降、帰国者が激減し1977年以降途絶したことについては、公文書と聞き取りから分析し、（１）帰国要件を備えた者は一通り帰国したこと、（２）「人道的問題」を終わらせたいソ連政府の姿勢、（３）1965年外法厚三省協議での韓人同伴帰国を〈失敗〉とみなし、「一定のところで打切ることが必要」としたことに象徴される日本政府の姿勢、そして（４）1970年代中盤には立て続けに帰国希望の残留日本人・韓人が北朝鮮へ強制移住されたことが理由と考えられる。

　残留日本人のポスト冷戦期帰国運動開始時、日本政府はきわめて消極的態度であったが、それは1988年国会特別委員会で厚生省援護局課長がサハリン残留日本人を「未帰還者」（消息不明者）と「自己意思残留者」（消息判明者）に二分する「自己意思残留論」[24] がすでに公的なものになっていたからである。

　全国樺太連盟は、冷戦期帰国時から韓人同伴帰国には消極的（『樺連情報』各記事）であり、樺太関係者の帰還は第11次で終結という認識（『樺太連盟四十年史』1988年）が見られるほか、樺太返還期成同盟（1955年）はその活動の理念上、人より領土という姿勢にならざるを得なかった。また、透けて見える女性差別と朝鮮人差別も無視できないはずである。

　1990年に第一次帰国団が来日し、その後ポスト冷戦期一時・永住帰国が本格的に開始するわけであるが、そのマクロ要因としては、1989年３月にはサハリン州の外国人立入禁止区域指定が解除され元島民などが来訪、残留日本人と接触し帰国希望者の存在を知り、同年「樺太（サハリン）同胞一時帰国促進の会」（後の「日本サハリン同胞交流協会」）が発足したことが挙げられる。また、その前史としての冷戦期の墓参団・平和の船、州都グループの存在も看過できない。帰国事業への道のりは、必然ではなく、偶然性と危うさに満ちたものであったと考えることができる[25]。

24）この問題をめぐっては前掲拙稿でもある程度ふれたが、「サハリン帰国者と日本：冷戦期・ポスト冷戦期における樺太残留邦人帰還問題」（日本移民学会第24回年次大会自由論題報告、和歌山大学、2014年６月29日）や「サハリン島の境界変動と樺太の〈戦後〉：引揚げ・帰国・残留・移住」（ワークショップ　戦後直後の引き揚げと境界　共催：北海道大学大学院メディア・コミュニケーション研究院、神奈川大学・プランゲ文庫研究会、北海道大学遠友学舎、2014年７月21日）、"Land or People?: The Organization of Japanese Repatriates from Sakhalin（Karafuto）and the Remaining Japanese and Koreans of Sakhalin,"（Panel 43 Transborder Challenges: Realities and Construction, Association for Borderlands Studies Annual Conference 2015 at Western Social Science Association 57th Annual Conference, Marriot Portland Downtown Waterfront, Portland, Oregon, USA, April 11th 2015）などでの口頭報告を基により詳細な内容について現在論文を執筆中である。

25）中山大将「離散をつなぎなおす：なぜサハリン残留日本人は帰国できたのか」秋津元輝編『変容する親密圏／公共圏　12　せめぎ合う親密と公共中間圏というアリーナ』京都大学学術出版会、2017年。

　2011年以降の研究動向について、まず残留・帰国韓人に関する研究から見てみると、한혜인（韓惠仁）が戦後から1970年代までの韓人の韓国運動について、李泳采が北朝鮮への帰国運動について、玄武岩が冷戦期に韓人が帰国できなかった背景について、ディン・ユリアが戦後期の韓人帰還問題について、天野尚樹がサハリン韓人に対するソ連民族政策について、池田貴夫が民俗学・文化人類学的アプローチから、中山が移住韓人第二世代から観た日ソ両帝国について、そして今西一、池直美、李月順、LIM Sungsook（林聖淑）がコリアン・ディアスポラ論から論じている[26]。残留・帰国日本人に関する研究としては、杜穎がポスト冷戦期帰国事業とライフ・ヒストリーについて、玄武岩が「継続する植民地主義」や多重的アイデンティティという観点から論じたものが挙げられ、先住民族に関する研究としては、田村将人の先住民族の〈引揚げ〉と〈残留〉に関する研究がある[27]。また、当事者による発信としては、ポスト冷戦期帰国運動の中心人物の鼎談や樺太アイヌ引揚者自身による手記などが日本国内で刊行されている[28]。

　今後の課題としては、残留者の国籍・法制度問題、帰国後の日本人・韓人の法的身分、福祉・支援制度、そして運動史の整理がまずは挙げられる。その他にも「抑留」研究との接続（ソ連領内未帰還者問題としてのアプローチ、「抑留」か「残留」か）や、「自己意思残留論」の形成過程、樺太華僑の帰国、旧日本帝国他地域の残留問題との比較などが挙げられる。なお、後三者については、現在報告者は原稿を執筆中である。

26）한혜인（韓惠仁）「사할린 한인 귀환을 둘러싼 배제와 포섭의 정치：해방 후～1970년대 중반까지의 사할린 한인 귀환 움직임을 중심으로」（『史學研究』第102號、2011年）、李泳采「政治的民族動員運動としての帰国運動：日本、中国、サハリン地域におけるコリアンの北朝鮮への帰国運動を中心に」（『朝鮮史研究会論文集』50号、2012年）、玄武岩『コリアン・ネットワーク：メディア・移動の歴史と空間』（北海道大学出版会、2013年）、ディン・ユリア「アイデンティティを求めて」天野尚樹訳（今西一編著『北東アジアのコリアン・ディアスポラ：サハリン・樺太を中心に』小樽商科大学出版会、2012年）、ディン ユリア「戦後処理における未解決の問題：南サハリン朝鮮人の送還問題（1945～1950年）」（天野尚樹訳）（『北海道・東北史研究』9号、2014年）、DIN Yulia, "Dreams of Returning to the Homeland: Koreans in Karafuto and Sakhalin," (in eds. Svetlana Paichadze, Philip A. Seaton, *Voices from the Shifting Russo-Japanese Border: Karafuto / Sakhalin, Routledge*, 2015)、天野尚樹「個別的愛民主義の帝国」（今西一編著『北東アジアのコリアン・ディアスポラ：サハリン・樺太を中心に』小樽商科大学出版会、2012年）、池田貴夫「サハリン残留朝鮮人の生活史：境遇としての悲劇、語られる自画像」（『生活學論叢』第20号、2012年）、池田貴夫「引き揚げた人、残された人：樺太引揚者とサハリン残留朝鮮人が残してくれたもの」（島村恭則編『引揚者の戦後』新曜社、2013年）、中山大将「サハリン韓人の下からの共生の模索：樺太・サハリン・韓国を生きた樺太移住韓人第二世代を中心に」（『境界研究』第5号、2015年）、今西一編『北東アジアのコリアン・ディアスポラ：サハリン・樺太を中心に』（小樽商科大学出版会、2012年）、池 炫周 直美「故郷は遠きにありて：サハリン韓人永住帰国事業を中心に」（『年報公共政策学』8号、2014年）、李月順「サハリンにおけるコリアンディアスポラに関する一考察」（『東アジア研究（大阪法科経済大学アジア研究所）』64号、2016年）、LIM Sungsook, *The politics of transnational welfare citizenship : kin, state, and personhood among older Sakhalin Koreans* (Dissertation submitted in partial fulfilment of the requirements for the degree of Doctoral of Philosophy in The Faulty of Graduate and Postdoctoral Studies, The University of British Columbia, 2016)。また、サハリン朝鮮人社会の歴史研究として、Дин Юлия Ивановна, *Корейская Диаспора Сахалина: Проблема Репатриации и Интеграция в Советское и Российское Общество*（Южно-Сахалинск: Сахалинская областная типография, 2015）も出版されている。

27）杜穎「战后南萨哈林遗留日本人归国问题浅析」（『西伯利亚研究』40（5）、2013年）、玄武岩「「反日」と「嫌韓」の同時代史：ナショナリズムの境界を越えて」（勉誠出版、2016年）、田村将人「サハリン先住民族ウイルタおよびニヴフの戦後・冷戦期の去就：樺太から日本への〈引揚げ〉とソビエト連邦での〈残留〉、そして〈帰国〉」（蘭信三編『帝国以後の人の移動：ポストコロニアルとグローバリズムの交錯点』勉誠出版、2013年）。

28）日本サハリン協会編、『樺太（サハリン）の残照：戦後70年近藤タカちゃんの覚書』（NPO法人日本サハリン協会、2015年）、安部洋子『オホーツクの灯り』（クルーズ、2015年）。

６．スヴェトラナ・パイチャゼ

「サハリン帰国者のトランスナショナルアイデンティティ形成：２～３世を中心に」

　報告者はサハリン残留者・帰国者について玄武岩らと共同研究を進め、"Language, Identity and Educational Issues of 'Repatriates' from Sakhalin" および "Multi-layered Identities of Returnees in their 'Historical Homeland'"（ともに Svetlana Paichadze, Philip A. Seaton eds. *Voices from the Shifting Russo-Japanese Boreder*, Rutleddge,2015に収録）を刊行し、それらを基に玄武岩、パイチャゼ・スヴェトラナ、後藤悠樹『サハリン残留：日韓ロ百年にわたる家族の物語』（高文研、2016年）を上梓した。教育問題については、「非集住地域における外国人・帰国児童生徒の教育問題：札幌市を事例として」（『移民研究年報』第18号、2012年）も発表している。本報告ではこれまでの研究の成果について紹介する。

　サハリンの民族、アイデンティティ、言語については、日本統治時代には主流の日本語・日本文化空間に、自身の言語・文化をある程度維持する形で朝鮮人や先住民、他の非日本人在住者が組み込まれているという構図があった。1945年から49年にかけてのトランジットの時代においては、それが日本語・日本文化空間とロシア語・ロシア文化空間とに二分され、アイヌは前者に組み込まれ、ソ連からの移住者は後者を急速に形成し、朝鮮人やアイヌ以外の先住民は両方にまたがって組み込まれるという状況が発生し、1950～63年の間は日本語・日本文化空間が消失し、日本人の多くも朝鮮人社会に取り込まれる形で、主流ロシア文化空間に全住民が属するような状況が発生したものの、各文化・言語集団ではある程度の各自の文化・言語空間が維持されていた。しかし、1963年以降は政策的にもロシア語化が推進され、各文化・言語集団が内部では維持していた言語・文化空間が崩れ始め、若年層の生活言語が全般的にロシア語に移行していく状況が生まれた。

　日韓家族が形成されるにあたっては２つの場合が見られた。ひとつは婚姻で、もうひとつは養子縁組である。後者には、両者とも韓人の場合、一方のみが韓人の場合、また他の家庭に「働き手」として所属する場合があった。南サハリンの教育状況とアイデンティティの形成の関係を見ると、戦前から日本人の引揚げまでの間は日本人学校が存在し、日本語や日本人アイデンティティの再生産は容易であったが、日本人引揚げ終了と前後して各地で朝鮮人学校が開校され、韓人や日韓家族の子どもはそちらに通う現象が起きるようになり、朝鮮語の習得や朝鮮人アイデンティティの形成が進んだ。しかし、やがて、1963年にはその朝鮮人学校も閉校となり、それまで朝鮮人学校に通っていた韓人や日韓家族の子どももソ連本土からの移住者の子どもと同様にソ連学校へと通うようになり、ロシア語の習得やソ連人アイデンティティの形成が進んでいくようになる。

　サハリン残留日本人の帰国については、1989年にサハリン残留日本人の帰国支援の窓口になる「日本サハリン同胞交流協会」が結成されたことが重要なターニングポイントとなり、1990年以降、一時帰国・永住帰国が開始された。帰国政策については、それに先駆けて1980年代に推進されていた中国残留日本人の帰国支援政策と深くかかわっており、1994年には中国帰国者支援法が制定され、サハリン残留日本人も「中国残留邦人等」に含まれることとなり、在日本サハリン帰国者は成人子女の１世帯の同伴が可能となった。2014年時点では、北海道に82世帯（276人）、札幌には40世帯（168人）が居住している。

　日本側のプル要因としては、「出入国管理および難民認定法」の変更や前記の中国帰国者支援法

の制定が挙げられ、ソ連・ロシア側のプッシュ要因としては、ペレストロイカ以降のソ連・ロシア国内の厳しい経済状況があり、一般住民の島外移住も進んでいる。たとえば、ポロナイスクの1989年の人口は25,971人であったが、2010年には16,120人まで減少し、ショフチョルスクでは同期間に12,945人から8,382人まで減少している。

　報告者は、世代については、「日本統治世代」（帝国日本に生れ、日本の教育機関を卒業した者）、「戦後世代」（戦前・戦後に生れ、朝鮮・ロシア学校で勉強した者）、「ソビエト世代」（1963年以降に生れ、ロシア学校に通った者）、「冷戦後世代」（幼少期に日本へ移動したか、日本で生まれた者で、ロシア語か日本語で教育を受けている者）の4つに分けている。各世代の特徴としては、「日本統治世代」は離別した家族との再会を帰国の理由とし、基本的に日本語話者であり、労働経験のある者はロシア語を解し、韓人世帯で暮らしたものは朝鮮語も解する。「戦後世代」は離別家族との再会のほかに帰国する親の介護や子どもの将来も見据えた日本での安定的な生活を帰国理由として、日本語、朝鮮語、ロシア語のいずれをも解する場合が多く、「ソビエト世代」では離別家族との再会は帰国理由には挙がらず、帰国する親の介護や同伴、経済的問題などが帰国理由となり、再帰国するケースも見られ、日本語・朝鮮語話者は極めて少なく、ロシア語のみを生活言語としている。また、これ以降の世代は、生活言語としての朝鮮語を失っていても、生活文化の中に朝鮮文化を受け継いでいる場合が多い。「冷戦後世代」は基本的に帰国する親に同伴する形で移動しており主体性は見られないが、早期に帰国している分、ロシア語と日本語のバイリンガルになる場合も多く見られ、大学教育においてロシア語を専攻したり、第二外国語として韓国語を学ぶ場合も多く見られる。この世代には、出生国、言語、血統、文化などの間に多重性があり、多重アイデンティティの形成も見られる。すべての世代はロシア語話者であり、家族内の共通語としてロシア語は機能するほか、ロシアへの再帰国や進学、将来的なビジネスのための文化的資源ともみなされている。

　一般的にこうした多重的な背景を持つ世代のとる態度としては、「非同化的」態度、「同化的」態度、「多重文化的」態度の3種類が見られる。帰国政策は、国民国家の枠内で行なわれ、今日まで引揚げできなかった日本国民に対する政策である。しかし、同伴する若い世代の「残留日本人」は、多重的なアイデンティティを持ち、多言語・多文化的な存在であるのが実情である。その生活世界はいくつかの国にまたがり、サハリンの場合では、彼らはロシア語、韓国、日本という多文化生活空間に生きている。このような生活空間を単一言語・単一文化的な国民国家の政策に入れ込もうとすると、不可避的に、新たな離散家族が生まれ、日本社会への統合の問題も発生する。具体的に言えば、「ソビエト世代」では、技能低評価化のリスク（Risk of De-skilling）、「冷戦後世代」では、言語習得と教育の不成熟のリスク（Risk of Semi-lingualism & Semi-education）が特に問題となる。前者は、帰国前には高等教育や専門教育を経て教員やエンジニアなどの資格を取得しそれを活かした職業に就いていたにもかかわらず、帰国後にはその資格が通用せず、以前とは異なる職業に従事しなければならないことを指し、後者は、学齢期に学習言語や生活言語が変わってしまったため、学校の授業に能力的には問題なくついていけるはずなのに、言語の問題から置き去りにされてしまい、能力相応の学習機会を得られなかったり、新旧いずれの言語の習熟度も低いままで、学習や就業に支障を生じるようになってしまうことなどを指す。

さいごに

　本例会では、樺太〈戦後〉史研究は2010年代以降に本格的に進展したこと、そしてその研究テーマが公式引揚げだけではなく、同時進行していた脱出・密航や移動後の定着や記憶の問題、そして残留日本人の実態や帰国者の抱える問題まで広範にわたっていることが確認できた。また、サハリン残留朝鮮人問題については、日本だけではなくロシアや韓国でも関心を持たれ研究が進められていることや、引揚げや残留に関して多地域の事例との比較研究も進みつつあることが確認できた。

　樺太〈戦後〉史研究は、2000年代までは厚生省刊行物や引揚げ全般に関する研究、あるいは回想記やルポなどの中でしかほとんど言及されてこなかったのが、2010年代に入ると飛躍的に全体像の把握や個別テーマの深化が進んでおり、今後も個々のテーマの深化や他地域との比較、一般理論との接続などが期待される。

（なかやま・たいしょう／京都大学）

（たけの・まなぶ／北海商科大学）

（きむら・ゆみ／北海道大学大学院生）

（ジョナサン・ブル／北海道大学）

（スヴェトラナ・パイチャゼ／北海道大学）

『北海道・東北史研究』投稿要領

　北海道・東北史研究会では、学会や社会に意義のある議論を提供するため、皆様からの投稿を広く募集しています。下記の要領にて、随時受付をおこなっています。

●規定
　①論文　400字詰原稿用紙50〜70枚程度（図・表を含む）
　②研究ノート・史料紹介　同30枚程度
　③コラム・書評　同10枚程度
　④自著紹介・新刊紹介・その他　数枚程度
　　☆①・②の場合には、要旨（800字程度）を必ず添付してください。
　　☆①・②の投稿にあたっては、審査用に副本（コピー）を２部お送りください。
　　☆ワープロ原稿の場合は、打ち出し原稿とともに、CD-R またはメモリースティック（Word 文書、一太郎文書または MS-DOS テキストファイル。表は Excel が望ましい）の送付をお願いします。手書きでの御投稿も受け付けております。
　　☆④は研究動向・博物館等紹介など、型にはまりにくい原稿でも結構ですが、扱いは本誌編集事務局にお任せください。
　　☆投稿原稿は、原則として横組とします。
　　☆図表等は、なるべく印刷ページの４分の１以内としてください。また、おおまかな掲載位置を指定しておいてください。
　　☆執筆者へは本誌を１部贈呈させて頂きますが、抜刷は作成致しておりません。

●審査（ジャッジ）について
　①・②の掲載可否につきましては、当会におきまして、厳正な審査を実施しています。審査の結果は、できるだけ早く御通知いたします。

●原稿送付・お問い合わせ
　原稿送付・お問い合わせ等は、下記の宛先にお願いいたします。
　『北海道・東北史研究』編集事務局
　〒060-0810　札幌市北区北10条西７丁目　北海道大学大学院文学研究科谷本研究室気付
　TEL・FAX：011-706-2310　　E-Mail：hokutoushi@yahoo.co.jp

■編・集・後・記■

　『北海道・道北史研究』2018（通巻第11号）をお届けします。前号から時間が経ってしまいました、ひとえに編集責任者の責任と、猛省しております。今後は、定期的な刊行を期してまいりますので、引き続きどうかよろしくお願いをいたします。また、刊行は会員各位からのご投稿で成り立っております。どうぞ振るってのご投稿を、お待ちいたしております。

　今号の各論考は、時代的には古代から近代まで、空間的には北海道を中心に東北・サハリンに及んでおり、誌名に応じた内容を備えることが叶いました。執筆者各位には、深く御礼を申し上げます。また、論題の欧文翻訳は兎内勇津流さんに快くお引き受けいただけました。毎号のことながら感謝にたえません。ネイティヴ・チェックにはワシーリー・シェプキンさん（露文）ならびにジョナサン・ブルさん（英文）をお煩わせしたと伺っています。併せてここに感謝申し上げる次第です。

（『北海道・東北史研究』編集事務局）

『北海道・東北史研究』編集事務局
〒060-0810　札幌市北区北10条西７丁目　北海道大学大学院文学研究科谷本研究室気付
谷本晃久（編集責任者）　　東　俊佑　　田村将人　　三浦泰之

＊本誌のお求めは、会員価格2,000円、非会員価格2,160円(税込)となっております。御希望の方は、当会まで御一報下さい。新規入会御希望の方は、年会費2,000円を当会の郵便振替口座にお振込み下さい（通信欄に「新規入会希望」と記して下さい）。会誌・会報ならびに当会主催の研究例会等の御案内を差し上げます。
郵便振替口座：02200−0−77935〔北海道・東北史研究会〕
＊本号各論考の注表記は、各執筆者の意向によっています。